Berliner Platz 1
NEU

Deutsch im Alltag

Teil 1

Lehr- und Arbeitsbuch

Christiane Lemcke
Lutz Rohrmann
Theo Scherling

Susan Kaufmann: Im Alltag EXTRA
Margret Rodi: Testtraining

Langenscheidt

Berlin · München · Wien · Zürich · New York

Von
Christiane Lemcke, Lutz Rohrmann und Theo Scherling

Susan Kaufmann: Im Alltag EXTRA und
Margret Rodi: Testtraining

Redaktion: Annerose Bergmann, Hedwig Miesslinger und Lutz Rohrmann
Gestaltungskonzept und Layout: Andrea Pfeifer
Umschlaggestaltung: Svea Stoss, 4S_art direction
Coverfoto: Corbis GmbH, Düsseldorf; Abbildung Straßenschild: Sodapix AG
Illustrationen: Nikola Lainović
Fotoarbeiten: Vanessa Daly

Für die Audio-CD zum Arbeitsbuchteil:
Tonstudio: White Mountain, München
Musik: Jan Faszbender
Aufnahme, Schnitt und Mischung: Andreas Scherling
Koordination und Regie: Bild & Ton, München

Verlag und Autoren danken Birgitta Fröhlich, Eva Harst, Anne Köker, Margret Rodi,
Barbara Sommer und Matthias Vogel, die *Berliner Platz NEU* begutachtet und mit wertvollen
Anregungen zur Entwicklung des Lehrwerks beigetragen haben.

Materialien zu *Berliner Platz 1 NEU*, Teil 1:

Lehr- und Arbeitsbuch	978-3-468-47261-9
1 CD zum Lehrbuchteil	978-3-468-47265-7
Intensivtrainer 1 (Kapitel 1–12)	978-3-468-47205-3
Lehrerhandreichungen 1 (Kapitel 1–12)	978-3-468-47209-1
Testheft 1 (Kapitel 1–12)	978-3-468-47208-4
DVD (Kapitel 1–12)	978-3-468-47206-0

Symbole:

⊙ 1.1 Zu dieser Aufgabe gibt es eine Tonaufnahme auf der CD zum Lehrbuchteil.

⊙ 3.1 Zu dieser Aufgabe gibt es eine Tonaufnahme auf der CD zum Arbeitsbuchteil.

 Hier gibt es Vorschläge für Projektarbeit.

Die Glossare zu Band 1 sind abrufbar im Internet unter
www.langenscheidt.de/berliner-platz

Umwelthinweis: Gedruckt auf chlorfrei gebleichtem Papier.

© 2009 Langenscheidt KG, Berlin und München

Das Werk und seine Teile sind urheberrechtlich geschützt. Jede Verwendung in anderen als den
gesetzlich zugelassenen Fällen bedarf der vorherigen Einwilligung des Verlags.

Satz: Franzis print & media GmbH, München
Gesamtherstellung: Stürtz GmbH, Würzburg
Printed in Germany – ISBN 978-3-468-**47261**-9

Berliner Platz NEU – Einführung

Liebe Benutzerinnen und Benutzer,

Berliner Platz NEU ist ein Lehrwerk für Erwachsene und Jugendliche ab etwa 16 Jahren. Es ist für alle geeignet, die Deutsch lernen und sich schnell im **Alltag** der deutschsprachigen Länder zurechtfinden wollen. Deshalb konzentriert sich *Berliner Platz NEU* auf Themen, Situationen und sprachliche Handlungen, die im Alltag wichtig sind.

Berliner Platz NEU bietet einen einfachen, motivierenden Einstieg in das Deutschlernen. Wir haben dabei großen Wert auf das Training aller Fertigkeiten gelegt: **Hören** und **Sprechen** ebenso wie **Lesen** und **Schreiben**.

Für eine erfolgreiche Verständigung im Alltag ist eine verständliche **Aussprache** mindestens so wichtig wie Kenntnisse von Wortschatz und Grammatik. Deshalb spielt das Aussprachetraining – besonders in den ersten Kapiteln – eine große Rolle.

Berliner Platz NEU orientiert sich am Rahmencurriculum für Integrationskurse Deutsch als Zweitsprache. Der Kurs endet mit der Niveaustufe B1 des Gemeinsamen europäischen Referenzrahmens (GER).

Das Angebot

Ein Lehrwerk ist viel mehr als nur ein Buch. Zu *Berliner Platz NEU* gehören diese Materialien:

- die **Lehr- und Arbeitsbücher**
- die **Hörmaterialien** zum Lehr- und Arbeitsbuch
- die **Intensivtrainer** mit mehr Übungen zu Wortschatz und Grammatik
- die **Testhefte** zur Prüfungsvorbereitung
- die **DVD** mit motivierenden Film-Szenen zu den Themen des Lehrbuchs
- die **Lehrerhandreichungen** mit zusätzlichen Tipps für einen abwechslungsreichen Unterricht
- die Zusatzangebote für Lerner/innen und Lehrer/innen im **Internet** unter: www.langenscheidt.de/berliner-platz
- **Glossare** im Internet

Der Aufbau

Berliner Platz NEU ist einfach und übersichtlich strukturiert, sodass man auch ohne lange Vorbereitung damit arbeiten kann. Jede Niveaustufe (A1, A2, B1) ist in **zwölf Kapitel** aufgeteilt.

Im Lehrbuchteil hat jedes Kapitel zehn Seiten, die man nacheinander durcharbeiten kann.

- **Einführung** in das Kapitel (Seite 1 und 2)
- **Übung** der neuen Situationen und sprachlichen Elemente (Seite 3 bis 6)
- **Deutsch verstehen** dient dem Training von Lese- und Hörverstehen (Seite 7 und 8)
- **Zusammenfassung** der wichtigsten sprachlichen Elemente des Kapitels: *Im Alltag*, *Grammatik* und *Aussprache* (Seite 9 und 10).
- Auf jeder Stufe gibt es vier **Raststätten** mit
  - spielerischer **Wiederholung**
  - Aufgaben zur **DVD**
  - Aufgaben zur **Selbsteinschätzung**: *Was kann ich schon? / Ich über mich.*

Der Arbeitsbuchteil folgt dem Lehrbuchteil. Zu jeder Aufgabe im Lehrbuchteil (1, 2, 3 …) gibt es eine Übung im Arbeitsbuchteil (1, 2, 3 …):

- **Vertiefende Übungen** zum Lehrbuchangebot
- Zusätzliche Übungen zur **Aussprache**
  - *Aussprache spezial* (Kapitel 1 bis 3)
  - *Schwierige Wörter*
- **Tipps zum Lernen**
- **Testtraining**

In den Abschnitten **Im Alltag EXTRA** finden Sie zu jedem Kapitel ein breites Angebot zusätzlicher Aufgaben zum deutschen Alltag.

Aufgaben und Übungen

Berliner Platz NEU bietet eine große **Vielfalt von Aufgaben- und Übungstypen**. Wir möchten Sie besonders auf die **Projekte** hinweisen. Diese Aufgaben führen aus dem Klassenraum hinaus in die deutschsprachige Welt und fordern zu vielfältigen Recherchen im Alltag auf.

Wir wünschen Ihnen viel Erfolg bei der Arbeit mit *Berliner Platz NEU* und vergessen Sie nicht den Spaß beim Lernen!

Die Autoren und der Verlag

Das lernen Sie in Teil 1 von *Berliner Platz 1 NEU*

	Im Alltag	Kommunikation	Grammatik	Aussprache	Deutsch verstehen
1	**Hallo!** begrüßen und verabschieden · (sich/andere) vorstellen · über Namen, Herkunft und Sprachen sprechen	Guten Tag. Wie heißen Sie? Ich heiße … Woher kommen Sie?	Aussagesätze und W-Fragen Alphabet · Verbformen im Präsens Fragewörter	Satzmelodie und Akzent Satzmelodie bei Fragen und Aussagesätzen	Hören: Leute aus Deutschland stellen sich vor. **6**
	Arbeitsbuch 1 Übungen zu Kommunikation, Wortschatz, Aussprache und Grammatik Aussprache üben: Vokale · ei, eu, au · h · sch, st, sp · s, ß · Dialoge Effektiv lernen: Wörter in Sätzen lernen				**76**
	Im Alltag EXTRA 1 Sprechen: Du – Sie? Papiere: persönliche Daten in Formular eintragen Namen – international: Reihenfolge von Vor- und Familiennamen				**118**
2	**Wie geht's?** fragen, wie es jemandem geht · sagen, was man trinken möchte · Telefonnummer und Adresse sagen	Wie geht es Ihnen? Wie geht's? Möchtest du Tee? Trinken Sie …? Wie ist Ihre Telefonnummer?	Zahlen bis 200 · Personalpronomen · Verbformen im Präsens · Verbposition: Ja/Nein-Frage, Aussagesatz	Satzmelodie bei W-Fragen, Ja/Nein-Fragen und Rückfragen	Hören: Zahlen und Preise Lesen: Arbeitsanweisungen **16**
	Arbeitsbuch 2 Übungen zu Kommunikation, Wortschatz, Aussprache und Grammatik Aussprache üben: ch, -ig · p, t, k am Wortanfang und Wortende · kleine Pausen im Satz · z · -r/-er am Wortende · Dialoge Schwierige Wörter · Effektiv lernen: das Lernheft				**82**
	Im Alltag EXTRA 2 Sprechen: um Wiederholung / langsameres Sprechen bitten, wenn man etwas nicht versteht Papiere: persönliche Daten in Formularen Meine und deine Sprache: Vergleich der Wortstellung in verschiedenen Sprachen				**120**
3	**Was kostet das?** über Preise sprechen · Verkaufsgespräche führen · Gegenstände beschreiben · Kleinanzeigen verstehen	Was kostet der/das/die …? Das ist sehr teuer. Funktioniert …? Ist das ein/e …? Nein, das ist kein/e …	Zahlen bis 1 Million Nomen und Artikel bestimmter und unbestimmter Artikel Artikel und Personalpronomen	lange und kurze Vokale	Lesen: Anzeigen Hören: Telefongespräche **26**
	Arbeitsbuch 3 Übungen zu Kommunikation, Wortschatz, Aussprache und Grammatik Aussprache üben: ch, f, w · Neueinsatz · Wortakzent: Komposita · Dialoge Effektiv lernen: Wörter mit Artikel lernen – Artikelbilder				**88**
	Im Alltag EXTRA 3 Sprechen: Fragen nach unbekanntem Wort, pantomimische Darstellung unbekannter Wörter Papiere: Beträge in Vordrucke eintragen Meine und deine Sprache: Wörter zum Thema Geld				**122**
1	**Raststätte 1** Wiederholung: Spiel „Wörter und Sätze" · Dialoge · Würfelspiel: Verben konjugieren · Video: Vorstellung · Effektiv lernen: Regelmäßig lernen · Portfolio: Was kann ich schon? Ich über mich				**36**
	Testtraining 1 Hören und Lesen				**93**

	Im Alltag	Kommunikation	Grammatik	Aussprache	Deutsch verstehen
4	**Wie spät ist es?** 40 Uhrzeiten/Tageszeiten angeben · über den Tagesablauf sprechen · sich verabreden	Wann beginnt ...? Von wann bis wann ist ... auf? Wie lange dauert ...? Wie spät ist es? Hast du ... Zeit?	trennbare Verben Satzklammer bei trennbaren Verben Zeitangaben im Satz	Wortakzent bei Verben und Nomen auf *-ion*, *-ei*	Lesen: Tagesabläufe Vergangenheitsformen verstehen

Arbeitsbuch 4 94
Übungen zu Kommunikation, Wortschatz, Aussprache und Grammatik
Schwierige Wörter · Effektiv lernen: Lernen in einer Lerngruppe

Im Alltag EXTRA 4 124
Sprechen: Fragen nach Öffnungszeiten · Terminvereinbarung
Papiere: Verstehen von Zeitplänen und Dialoge dazu
Öffnungszeiten international: Vergleich Herkunftsland/Deutschland

	Im Alltag	Kommunikation	Grammatik	Aussprache	Deutsch verstehen
5	**Was darf's sein?** 50 Einkaufsdialoge verstehen · einen Einkaufszettel schreiben · Kochrezepte verstehen	Ich hätte gern ... Haben Sie ...? Sie wünschen? Wer kommt dran? Wo finde ich ...?	Mengenangaben Plural der Nomen Artikel und Nomen: Akkusativformen Verben mit Akkusativ	*ü*-Laute und *ö*-Laute	Lesen: ein Kochrezept Hören: Gespräch am Telefon

Arbeitsbuch 5 100
Übungen zu Kommunikation, Wortschatz, Aussprache und Grammatik
Effektiv lernen: Wortschatzkarten für Nomen

Im Alltag EXTRA 5 126
Sprechen: Umschreiben unbekannter Wörter · Projekt: Preisvergleich
Papiere: Bestellen beim Versandhaus
Essen/Einkaufen international: eigene Einkaufsgewohnheiten

	Im Alltag	Kommunikation	Grammatik	Aussprache	Deutsch verstehen
6	**Familienleben** 60 über die Familie sprechen · das Datum sagen/schreiben · über Geburtstage sprechen · über Vergangenes sprechen	Bist du verheiratet? Haben Sie Kinder? Hast du Geschwister? Wann bist du geboren?	Possessivartikel: *mein-*, *dein-*, *sein-* ... · Ordinalzahlen und Datum · Präteritum von *sein* und *haben*	Aussprache von *-er(n)* am Wortende und in der Vorsilbe *ver-*	Lesen: Informationen über Geburtstagsbräuche in Deutschland verstehen

Arbeitsbuch 6 106
Übungen zu Kommunikation, Wortschatz, Aussprache und Grammatik
Schwierige Wörter

Im Alltag EXTRA 6 128
Sprechen: über Familie und Kinderbetreuung sprechen
Papiere: Familienstand · Antrag auf Kindergeld ergänzen · Behördensprache

2 **Raststätte 2** 70
Wiederholungsspiel · Lernplakat zum Wortfeld „Zeit" · Verben konjugieren · Effektiv lernen: Wortschatzkarten ·
Video: Einkaufszettel, Geburtstagsgeschenke · Portfolio: Was kann ich schon? · Ich über mich

Testtraining 2 Hören, Lesen, Schreiben 112

Anhänge: Aussprache: S. 130 · Unregelmäßige Verben: S. 133
Verben mit Akkusativ: S. 134 · Alphabetische Wortliste: S. 135
Zahlen, Zeiten, Maße und Gewichte: S. 141
Quellen: S. 143 · Kurssprache S. 144

1 Hallo!

Lernziele
- begrüßen und verabschieden
- vorstellen
- über Namen, Herkunft und Sprachen sprechen
- buchstabieren

1 Die Kursliste

a Fragen Sie im Kurs.

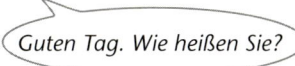
Guten Tag. Wie heißen Sie?

Ich heiße …

Woher kommen Sie?

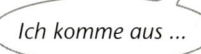
Ich komme aus …

○ 1.2 **b** Hören Sie und ergänzen Sie die Kursliste.

Dialog 1
● Guten Tag. Ich heiße Sabine Wohlfahrt. Wie heißen Sie?
○ Ich heiße Olga Minakova.
● Woher kommen Sie?
○ Ich komme aus Russland, aus Moskau.

Dialog 2
● Hallo, ich bin Carlos. Wie heißt du?
○ Mehmet.
● Woher kommst du, Mehmet?
○ Ich komme aus der Türkei. Aus Izmir. Und woher kommst du?
● Aus Valencia. Das ist in Spanien.

Deutschkurs A1	Kursleiterin: Sabine Wohlfahrt			
	Vorname	Familienname/Nachname	Land	Stadt
Herr	Carlos	Sánchez		
Frau	Yong-Min	Kim	Korea	Seoul
___	___	___	___	___
___	___	Korkmaz	___	___

c Fragen Sie im Kurs. Machen Sie eine Liste.

2 Sie und du

a Hören Sie und lesen Sie mit.

Dialog 1
- ● Guten Tag. ↘
  Mein Name ist Susanne Schmitt. ↘
- ○ Guten Tag, Frau Schmitt. ↘
  Ich bin Tim Reuter. ↘

Dialog 2
- ● Petra Weiß. ↘
- ○ Kraus. ↘
- ● Entschuldigung, wie heißen Sie? ↗
- ○ Kraus, Gerhard Kraus. ↘
- ● Guten Tag, Herr Kraus. ↘
- ○ Guten Tag, Frau Weiß. ↘

Dialog 3
- ● Hallo, ich bin Paul. ↘
  Wie heißt du? ↗
- ○ Tag, Paul. ↘
  Ich bin Wiktor. ↘
- ● Woher kommst du? ↗
- ○ Aus der Ukraine. ↘

b Ergänzen Sie *du* oder *Sie*.

informell/privat

Paul/Wiktor

Wie heißt _____?

Woher kommst _____?

formell

Herr Kraus / Frau Weiß

Wie heißen _____?

Woher kommen _____?

3 Aussprache: Melodie und Akzent

a Hören Sie und sprechen Sie nach.

Dialog 1
- ● Woher kommst du? ↗
- ○ Aus Hamburg. ↘
- ● Und wie heißt du? ↗
- ○ Peter. ↘ Peter Bode. ↘

Dialog 2
- ● Wie heißen Sie, bitte? ↗
- ○ Wohlfahrt. ↘ Sabine Wohlfahrt. ↘
- ● Und woher kommen Sie? ↗
- ○ Ich komme aus Berlin. ↘

b Üben Sie auch die Dialoge aus 2a.

4 Sich vorstellen

a Formell oder informell?
Hören Sie die drei Dialoge und kreuzen Sie an.

Dialog	1	2	3
Sie (formell)	☐	☐	☐
du (informell)	☐	☐	☐

b Hören Sie noch einmal und ordnen Sie die Dialoge 1–3.

Dialog 1
- ☐ ○ Entschuldigung, wie heißt du?
- ☐ ○ Ich bin aus Russland.
- [2] ○ Tag, ich bin Olga.
- [1] ● Hallo.
- ☐ ● Yong-Min. Ich bin aus Korea, und du?
- ☐ ● Und ich heiße Yong-Min.

Dialog 2
- ☐ ○ Aus Pilsen. Und Sie?
- ☐ ○ Guten Tag, Herr Sánchez. Ich bin Adam Svoboda.
- ☐ ● Aus Valencia.
- ☐ ● Guten Tag. Mein Name ist Sánchez.
- ☐ ● Woher kommen Sie?

Dialog 3
- ☐ ○ Guten Abend, ich bin Markus Schmeling.
- ☐ ○ Schmeling, Markus Schmeling.
- ☐ ● Entschuldigung, wie ist Ihr Name?
- ☐ ● Guten Abend.
- ☐ ● Und ich bin Frau Jacob, Irene Jacob.

c Schreiben Sie die Dialoge. Spielen Sie.

5 W-Fragen und Aussagesätze
a Ergänzen Sie die Beispiele. Lesen Sie laut.

		Verb	
Aussagesätze	Mein Name	ist	Wohlfahrt.
	Ich	bin	Kasimir.
	_____	_____	_____
W-Fragen	Wie	heißt	du?
	Wie	heißen	Sie?
	Woher	_____	_____

b Schreiben Sie die Sätze.

1. kommen / Sie / woher / ?
2. heiße / Mehmet / ich / Tag, / guten / .
3. Name / mein / ist / Sánchez / .
4. Olga / hallo, / ich / bin / .
5. heißen / Sie / wie / ?
6. heißt / du / wie /?
7. bitte / wie / ?
8. ich / aus Korea, / bin / du / und / ?

Woher kommen Sie?

6 Steckbriefe

a Lesen Sie die Steckbriefe. Wer spricht was? Raten Sie. Ordnen Sie die Sprachen zu.

Chinesisch • Englisch • Französisch • ~~Koreanisch~~ • Persisch • Russisch • Russisch • Spanisch • Türkisch • Ukrainisch

①
Familienname: Kim
Vorname: Yong-Min
Land: Korea
Stadt: Seoul
Sprachen: _Koreanisch_
_____

*Mein Name ist Kim.
Mein Vorname ist Yong-Min.
Ich komme aus Korea.
Ich wohne in Seoul.
Ich spreche Koreanisch und Chinesisch.*

② Olga Minakova
Moskau, Russland
_____
_____

③ Mehmet Korkmaz
Izmir, Türkei
_____
_____

④ Carlos Sánchez
Valencia, Spanien
_____
_____

⑤ Kasimir Lasarenko
Kiew, Ukraine
_____
_____

⊙ 1.9 **b** Hören Sie und kontrollieren Sie.

7 Deutschkurs A1

⊙ 1.10 **Hören Sie und lesen Sie mit.**

● Wer ist das?↗
○ Das ist Mônica Nunes.↘
● Woher kommt sie?↗
○ Sie kommt aus Porto Alegre.↘
● Wo liegt das?↗
○ Das liegt in Brasilien.↘
   Mônica spricht Portugiesisch und Spanisch.↘
● Und wer ist das?↗
○ Das ist Michael Kukan.↘
   Er kommt aus Bratislava.↘
● Aus der Slowakei?↗
○ Genau!↘ Er spricht Slowakisch und Russisch.↘

Das ist **Michael** Kukan.
 ↪ Er kommt aus …
Das ist **Mônica** Nunes.
 ↪ Sie kommt aus …

8 Andere vorstellen

a Verbformen – Sammeln Sie und machen Sie ein Lernplakat.

	komm-en	heiß-en	sprech-en	sein
ich	komm-e	heiß-_	sprech-_	bin
du	komm-st	heiß-t	sprich-st	bist
er/es/sie	komm-_	heiß-_	sprich-_	ist
Sie	komm-_	heiß-_	sprech-_	sind

b Schreiben Sie Ihren Steckbrief.

Familienname: _____
Vorname(n): _____
Land: _____
Stadt: _____
Sprachen: _____

c Stellen Sie Ihre Nachbarin / Ihren Nachbarn vor.

Das ist Olga Minakova. Frau Minakova kommt aus Russland. Sie spricht Russisch und Englisch.

Das	ist	Olga Minakova.	← **Name**
Das	ist	Mehmet Korkmaz.	
Frau Minakova	kommt	aus Russland.	← **Land**
Herr Korkmaz	kommt	aus der Türkei.	
Sie	spricht	Russisch/Englisch.	← **Sprachen**
Er	spricht	Türkisch/Persisch.	

9 Buchstabieren

a Hören Sie. Wie heißt die Frau? Kreuzen Sie an. (1.11)

A Ä B C D E F G H I J K L M N O Ö P Q R S T U Ü V W X Y Z
a ä b c d e f g h i j k l m n o ö p q r s ß t u ü v w x y z

Familienname: ❏ Kowalla
❏ Koala
❏ Kowalska

Vorname: ❏ Maria
❏ Magdalena
❏ Lena

b Alphabet mit Rhythmus lernen – Hören Sie und sprechen Sie nach. (1.12)

A Be Ce De E eF Ge Ha I Jott Ka eL eM eN O Pe Qu eR eS Te

U Vau We iX Yp-si-lon Zet A Be Ce De E eF Ge Ha I Jott Ka …

c Wie heißen die Personen? Hören Sie und ergänzen Sie die Namen. (1.13)

Dialog 1
● Wie heißen Sie?
○ …
● Entschuldigung, wie ist Ihr Name?
○ …
● Buchstabieren Sie bitte.
○ __ __ __ __ __ __ __ __
  __ __ __ __ __ __ __ __
● Danke schön.

Dialog 2
▲ Ihr Name bitte?
△ …
▲ Mischeroff?
△ Nein …!
▲ Bitte buchstabieren Sie.
△ __ __ __ __ __ __ __ __
▲ …! Danke schön.

10 Namen im Kurs
Buchstabieren Sie, die anderen raten.

12 zwölf

Deutsch verstehen

11 Leute aus Deutschland

1.14 a Leute aus Dresden, München und Berlin stellen sich vor. Hören Sie. Wer ist wer?

b Hören Sie noch einmal. Ordnen Sie die Informationen.

Berlin • Ulreich • Sekretärin • Keller • ~~Christoph~~ • München • ~~Petri~~ • Deutschlehrer • Sandra • Dresden • Martina • Automechanikerin

Familienname: _Petri_ _____ _____

Vorname: _____ _Christoph_ _____

Wohnort: _____ _____ _____

Beruf: _____ _____ _____

Auf einen Blick

Im Alltag

1 Begrüßen und verabschieden

Guten Morgen. Guten Tag. Guten Abend. Gute Nacht.

- ● Guten Tag, Herr Berger.
- ○ Guten Tag, Frau Kraus.

- ● Hallo, Peter.
- ○ Tag, Erika.

- ● Auf Wiedersehen.
- ○ Tschüs.
- ▲ Gute Nacht.

2 Vorstellen

Ich heiße Susanne Eder.
Ich komme aus Köln.

Das ist Maria. Sie kommt auch aus Köln.
Und das ist Frau Minakova. Sie kommt aus Russland, aus Moskau.

3 Über Namen, Herkunft und Sprachen sprechen

Namen	Wie ist Ihr Name / dein Name?	Mein Name ist Bond, Dolly Bond.
	Wie heißen Sie?	Ich heiße Gero Klein.
	Wie heißt du?	Ich heiße Peter, Peter Olsen.
	Hallo, ich heiße Mark, und du?	Ich bin Marie.
Land und Stadt	Woher kommen Sie?	Aus Ghana. / Ich komme aus Ghana.
	Woher kommst du?	Aus Izmir. Das liegt in der Türkei.
	Ich bin aus Ägypten, und du?	Aus dem Sudan.
	Ich wohne in Berlin, und Sie?	In Athen. / Ich wohne in Athen.
Sprache	Ich spreche Estnisch und Englisch.	Wer spricht Deutsch?
	Sie spricht Portugiesisch.	

Länder mit Artikel:

die Schweiz, die Türkei, die USA, die Ukraine, die Niederlande, der Iran, der Sudan …

Ich komme aus der Schweiz / der Türkei / den USA / dem Iran.

Sprachennamen haben oft die Endung *-isch*:

Schweden → Schwedisch
Russland → Russisch
Türkei → Türkisch

Er spricht Türkisch und Englisch.

Grammatik

1 *Er* und *sie*

Carlos Sánchez wohnt in Valencia.
↳ **Er** kommt aus Spanien.
↳ **Er** spricht Spanisch.

Das ist **Mônica** Nunes.
↳ **Sie** kommt aus Porto Alegre.
↳ **Sie** spricht Portugiesisch.

2 Verbformen

ich	komm-**e**	heiß-**e**	sprech-**e**	**bin**
du	komm-**st**	heiß-**t**	sprich-**st**	**bist**
er/es/sie	komm-**t**	heiß-**t**	sprich-**t**	**ist**
Sie	komm-**en**	heiß-**en**	sprech-**en**	**sind**

3 Fragewörter

Wer?	**Wer** kommt aus Spanien?
Wie?	**Wie** heißen Sie?
Woher?	**Woher** kommst du?
Was?	**Was** sprichst du?
Wo?	**Wo** wohnen Sie?

4 W-Frage und Aussagesatz

		Verb	
W-Frage	Wie	(heißen)	Sie?
Aussagesatz	Ich	(heiße)	Olga Minakova.

Aussprache

1 Akzent und Satzmelodie

Den Akzent spricht man lauter:
Die Melodie fällt↘ oder steigt↗ am Satzende.

Mein Name ist **Wohl**fahrt!
Guten Tag.↘ Woher kommen Sie?↗

2 Satzmelodie – Fragen und Antworten

Sie fragen:
Wie ist Ihr Name?↗
Woher kommen Sie?↗

Sie antworten:
Maria Schmidt.↘ Ich heiße Maria Schmidt.↘
Aus der Schweiz.↘ Ich komme aus Basel.↘

2 Wie geht's?

● Guten Morgen, Magdalena, wie geht's?
○ Danke, gut, und dir?
● Super. Möchtest du auch Tee?
○ Nein, danke, ich nehme Kaffee und ein Wasser.

Lernziele
- fragen, wie es jemandem geht
- sagen, was man trinken möchte
- von 0–200 zählen
- Telefonnummer und Adresse sagen

1 Guten Morgen, wie geht's?
a Zeichnen Sie.

☺ ☺ Super!
○ Danke, gut.
○ ○ Sehr gut, danke.
○ Es geht.
○ Nicht so gut.
○ Gut.

b Fragen und antworten Sie im Kurs.

Phase 1:
Der ganze Kurs sagt „Sie".

Guten Morgen, Herr Sánchez, wie geht es Ihnen?

Phase 2:
Der ganze Kurs sagt „Du".

Hallo, Carlos, wie geht's?

| Guten Morgen, Frau Kowalska / Herr Sánchez Guten Tag/Abend, … | Wie geht es Ihnen? |
| Hallo, Magdalena/Carlos … Guten Morgen/Tag/Abend, … | Wie geht's? (Wie geht es dir?) |

| Super! Sehr gut. Gut. Es geht. Nicht so gut. | Und Ihnen?   Und dir? |

2 Wie geht's?

a Sehen Sie die Szenen A–D an. Hören Sie und ordnen Sie die Dialoge 1–4 zu.

Dialog		1		
Szene	A	B	C	D

b Wie trinken Sie Kaffee? Wie trinken Sie Tee?

> Ich trinke Kaffee mit viel Milch und viel Zucker.

mit Milch   mit Zucker   mit Milch und Zucker   schwarz
mit viel Milch   mit viel Zucker   mit viel Milch und Zucker

3 Dialoge

a Hören und lesen Sie die Dialoge laut.

Dialog 1
● Hallo, wie geht's?
○ Danke, gut. Und dir?
● Es geht.
○ Trinkst du Tee?
● Nein, lieber Kaffee und Wasser.

Dialog 2
● Guten Morgen, wie geht's?
○ Sehr gut, danke. Und Ihnen?
● Gut. – Kaffee?
○ Ja, gerne, mit viel Milch. Und Sie?
● Ich trinke Tee.

b Schreiben Sie Dialoge und spielen Sie die Szenen im Kurs.

Hallo / Guten Morgen / …, wie geht's? Guten Morgen / …, wie geht's Ihnen?	Danke, sehr gut. / … Und dir/Ihnen?
Trinkst/Möchtest du Kaffee/Tee …? Trinken/Möchten Sie …?	Ja, gerne. Nein, lieber Saft/Kaffee …
Nimmst du Milch/Zucker? Nehmen Sie …?	Ja, bitte. / Nein, danke. Ich nehme nur Milch/Zucker. Ich trinke Kaffee schwarz. Ich trinke Kaffee/Tee mit viel Milch/Zucker.

4 Ja/Nein-Fragen und Antworten

a Sammeln Sie an der Tafel.
Diese Verben kennen Sie: heißen • kommen • sprechen • sein • möchten • nehmen • trinken

Ja/Nein-Fragen			Antworten
Kommen	Sie	aus Lettland?	Ja. / Nein, (ich komme) aus Polen.
Trinkst	du	Kaffee?	Ja, gerne. / Nein, (ich trinke) Wasser.

○ 1.17–1.18 **b** Aussprache: Melodie Ja/Nein-Fragen – Hören Sie und sprechen Sie nach.

● Kommen Sie aus Lettland?↗
○ Nein,↘ ich komme aus Polen.↘

● Trinkst du Kaffee?↗
○ Ja, gerne.↘

c Lesen Sie die Sätze an der Tafel laut.

d Schreiben Sie Fragen und lesen Sie vor.

1. Orangensaft / Sie / möchten / ?
2. die Lehrerin von Kurs A / Sie / sind / ?
3. nimmst / Milch und Zucker / du / ?
4. aus Indien / kommen / Sie auch / ?
5. Tee mit Milch / trinkst / du / ?

Möchten Sie ...?

5 In der Cafeteria

a Lesen Sie die Sätze.

○ 1.19 **b** Hören Sie die Dialoge 1 und 2. Kreuzen Sie die richtigen Antworten an.

Dialog 1

1. ☐ Beata und Maria sind im Deutschkurs B.
2. ☐ Sie lernen Deutsch.
3. ☐ Sie sprechen zu Hause auch Deutsch.

Dialog 2

1. ☐ Beata und Maria kommen aus Polen.
2. ☐ Carlos und Kasimir kommen aus Spanien.
3. ☐ Maria trinkt Kaffee mit Milch und Zucker.

c Hören Sie noch einmal und lesen Sie mit.

Dialog 1
Kasimir	Hallo, ist hier frei?
Carlos	Ja, klar. Das sind Beata und Maria.
Kasimir	Hallo. Ich heiße Kasimir. Seid ihr im Deutschkurs B?
Maria	Nein, wir sind im Kurs C.
Kasimir	Und was macht ihr in Deutschland?
Maria	Deutsch lernen! Wir sind Au-pair-Mädchen.
Carlos	Toll, dann sprecht ihr viel Deutsch zu Hause.

Dialog 2
Kasimir	Woher kommt ihr?
Beata	Aus Polen. Wir kommen aus Warschau. Und ihr?
Carlos	Ich komme aus Spanien, aus Valencia. Und Kasimir kommt aus der Ukraine.
Kasimir	Ja, aus Kiew. Was möchtet ihr trinken? Trinkt ihr Tee?
Beata	Ich nehme lieber Mineralwasser. Was trinkst du, Maria?
Maria	Kaffee natürlich. Mit viel Milch und Zucker, bitte.

d Üben Sie den Dialog. Lesen Sie laut. Spielen Sie im Kurs.

6 Verbformen und Personalpronomen
a Markieren Sie in Dialog 1 und Dialog 2 die Verbformen.

Kasimir	Hallo, **ist** hier frei?

b Ergänzen Sie das Lernplakat.

	komm-en	sprech-en	möcht-en	sein
ich	komm-e	sprech-e	möcht-e	bin
du	komm-st	sprich-__	möcht-est	bist
er/es/sie	komm-t	sprich-__	möcht-e	ist
wir				
ihr			möcht-et	
sie/Sie				

c Ergänzen Sie 1–10.

1. Trink _st_ du Tee?
2. Trink___ ihr Espresso?
3. Kommt _____ zwei aus Polen?
4. Beata und Maria sprech___ hier nur Deutsch.
5. Wohn___ du hier?

6. Was machst ____ in Deutschland?
7. _____ heißt Maria.
8. Wir arbeit___ als Au-pair-Mädchen.
9. Komm___ Sie aus Italien?
10. _____ Sie auch Englisch?

7 Übungen selbst machen
Machen Sie Kärtchen und sprechen Sie.

8 Null (0) bis zwölf (12)

⊙ 1.20 **a** Hören Sie die Zahlen und notieren Sie.

☐ zwei   ☐ fünf   ☐ neun   ☐☐ elf   ☐ eins   ☐ drei |0| null

☐ acht   ☐ sechs   ☐☐ zwölf   ☐☐ zehn   ☐ vier   ☐ sieben

b Hören Sie noch einmal und sprechen Sie mit.

⊙ 1.21 **c** Handynummern – Hören Sie und notieren Sie.

```
            Vorwahl       Telefonnummer
Handy 1  _____  /  _____


            Vorwahl       Telefonnummer
Handy 2  _____  /  _____
```

9 Telefonnummern und Adressen
a Fragen Sie und notieren Sie Telefonnummern und Adressen.

- ● Wo wohnst du?↗
- ○ In Bremen, Martinistraße 12.↘
- ● Und die Postleitzahl?↗
- ○ 28195.↘
- ● Hast du Telefon?↗
- ○ Nein, nur ein Handy.↘
- ● Wie ist deine Handynummer?↗
- ○ 01 70/89 51 16 21.↘

- ● Wie ist deine Telefonnummer?↗
- ○ 45 89 73.↘
- ● Und die Vorwahl?↗
- ○ 0421.↘
- ● Hast du E-Mail?↗
- ○ Ja.↘
- ● Wie ist deine E-Mail-Adresse?↗
- ○ b.hetami@web.de↘

@ web.de???

et web punkt de

b Schreiben Sie die Fragen in der Sie-Form. Spielen Sie.

Haben Sie Telefon?

10 Zahlen von 13 bis 200

Hören Sie und ergänzen Sie die Zahlen.

> Der Kurs dauert noch zweihundertdreizehn (213) Stunden und ich bin jetzt schon müde.

13 **drei**zehn
14 _____zehn
15 _____zehn
16 **sech**zehn
17 **sieb**zehn
18 _____zehn
19 _____zehn
20 zwanzig
21 **ein**und_____
22 _____und_____
23 _____undzwanzig
26 **sechs**_____zwanzig

27 _____
29 _____
30 dreißig
40 _____zig
50 _____
60 **sech**_____
70 **sieb**_____
80 _____
90 _____
100 (ein)hundert
101 (ein)hunderteins
200 zweihundert

13 → **drei**zehn
21 → **ein**undzwanzig

11 An der Kasse

a Sie hören drei Dialoge. Ordnen Sie die Dialoge den Bildern zu.

Dialog 1
○ Kaffee, Wasser ... macht zwei achtzig.
● Entschuldigung, wie viel?
○ Zwei Euro und achtzig Cent.
● Hier, bitte.
○ Und 20 Cent zurück, danke.
● Danke, tschüs.

Tablett: A B C
Dialog: ☐ ☐ ☐

Getränke

Kaffee/Tee	1,60		Wasser	1,20
Espresso	1,20		Orangensaft	1,50
Cappuccino	1,80		Bionade	1,40
Milch	0,90		Bluna/Cola	1,30

b Schreiben Sie Dialoge und spielen Sie.

Deutsch verstehen

12 Telefonnummern und Uhrzeiten
◉ 1.24 Hören Sie und ergänzen Sie die Zahlen.

Der ICE 577 von Frankfurt nach Stuttgart fährt um ___ Uhr ___ ___ von Gleis ____ .

Wir sehen uns wieder um ___ ___ Uhr ___ ___ bei den Tagesthemen.

Hallo, mein Handy ist aus. Ihr könnt mich zu Hause anrufen: Meine Telefonnummer ist ___ ___ ___ ___ ___ ___ ___ in Berlin. Tschüs.

Sie haben die Nummer ___ ___ ___ ___ ___ ___ gewählt. Ich bin im Moment nicht da. Sie erreichen mich mobil unter der Nummer: ___ ___ ___ ___ / ___ ___ ___ ___ ___ ___ ___ .

Es ist ___ Uhr ___ ___ . Sie hören Nachrichten.

Der Bus fährt am Wochenende um ___ ___ Uhr ___ ___ .

13 Angebote im Supermarkt
◉ 1.25 Hören Sie. Vier Anzeigen passen zu den Ansagen. Kreuzen Sie an.

Mineralwasser	€ 0,89 ☐
Milch	€ 1,29 ☐
Tomaten	€ 2,29 ☐
Kaffee	€ 4,10 ☐
Salami	€ 1,69 ☐
Joghurt	€ 1,19 ☐

14 Arbeitsanweisungen verstehen
Was passt? Schreiben Sie die Arbeitsanweisungen zu den Aufgaben.

Hören Sie. • ~~Ergänzen Sie.~~ • Hören Sie und sprechen Sie nach. • Sammeln Sie an der Tafel. • Kreuzen Sie an. • Sehen Sie sich die Fotos an. • Markieren Sie. • Schreiben Sie.

1. _Ergänzen Sie._   Ich _____ Schmidt. Anna Schmidt.

2. _____

3. _____ ☐ Kaffee   ☐ Tee   ☐ Orangensaft

4. _____

5. _____ Familienname: _____
                                             Vorname: _____
                                             Wohnort: _____

6. _____ Hamburg   Kaffee   Studentin

7. _____ Ja/Nein-Fragen   Kommen Sie

8. _____ ● Heißen Sie Winter?↗
                                             ○ Nein, ich bin Bernd Schuhmann.↘

15 Fragen und Bitten im Kurs. Lesen Sie laut. Üben Sie.

Auf einen Blick

Im Alltag

1 Wie geht's? Wie geht es Ihnen?

Wie geht's? *Wie geht es Ihnen?*

☺☺
Sehr gut!

☺
Danke, gut.

😐
Es geht.

☹
Nicht so gut.

2 Was möchtest du? / Was möchten Sie?

Was möchtest du / möchten Sie trinken?
Was nimmst du / nehmen Sie?
Was trinkst du / trinken Sie?

● Möchtest du Kaffee? ○ Ja, gerne. / Nein, lieber Tee.
● Nehmen Sie Milch und Zucker? ○ Ja, bitte. / Nein, danke. / Nur Milch, bitte.
● Was macht/kostet das? ○ Vier Euro fünfzig (Cent).

⚠ ein Euro achtzig (Cent)   **Aber:** eins achtzig

3 Telefonnummern und Adressen austauschen.

Wo wohnst du / wohnen Sie?
Wie ist die Postleitzahl?
Wie ist deine/Ihre Telefonnummer?
Hast du / Haben Sie auch ein Handy?
Wie ist deine/Ihre E-Mail-Adresse?

Holger Böhme

Berliner Platz 45
67059 Ludwigshafen (Rh.)
Tel.: 06 21/48 78 92
Mobil: 01 71/96 65 47
E-Mail: holgerboehme@netweb.de

Im Alltag EXTRA ▶ S. 120

TIPP
Telefonbuch im Internet: www.dasoertliche.de

24 vierundzwanzig

Grammatik

1 Personalpronomen und Konjugation (▶ S. 15)

Singular:	ich	trink-e	Ich trinke Tee.
	du	trink-st	Du trinkst Kaffee.
	er/es/sie	trink-t	Er/Peter trinkt Milch.
Plural:	wir	trink-en	Wir trinken Tee.
	ihr	trink-t	Ihr trinkt Wasser.
	sie	trink-en	Sie trinken Saft.
Formell (Sg./Pl.)	Sie	trink-en	Sie trinken Kaffee.

2 Verbformen (▶ S. 15)

Infinitiv	komm-en	heiß-en	sprech-en	nehm-en	antwort-en
Singular					
1. ich	komm-e	heiß-e	sprech-e	nehm-e	antwort-e
2. du	komm-st	heiß-t	sprich-st	nimm-st	antwort-e-st
3. er/es/sie	komm-t	heiß-t	sprich-t	nimm-t	antwort-e-t
Plural					
1. wir	komm-en	heiß-en	sprech-en	nehm-en	antwort-en
2. ihr	komm-t	heiß-t	sprech-t	nehm-t	antwort-e-t
3. sie/Sie	komm-en	heiß-en	sprech-en	nehm-en	antwort-en

Infinitiv	haben	sein	(möcht-…)
Singular			
1. ich	hab-e	bin	möcht-e
2. du	hast	bist	möcht-e-st
3. er/es/sie	hat	ist	möcht-e
Plural			
1. wir	hab-en	sind	möcht-en
2. ihr	hab-t	seid	möcht-e-t
3. sie/Sie	hab-en	sind	möcht-en

> **TIPP**
> Die meisten Verben funktionieren wie *kommen*:
> *buchstabieren*
> *fragen*
> *hören*
> *wohnen*
> *schreiben …*

3 Verbposition – Ja/Nein-Frage und Aussagesatz (▶ S. 15)

		Position 2	
Ja/Nein-Frage	(Nimmst)	du	Milch und Zucker?
Aussagesatz	Ich	(nehme)	nur Milch.

Aussprache

Fragen und Antworten – Satzmelodie

	Die Satzmelodie steigt. ↗	Die Satzmelodie fällt. ↘
W-Frage	Woher kommen Sie? ↗	(Ich komme) aus der Schweiz. ↘
Ja/Nein-Frage	Kommen Sie aus Basel? ↗	Nein, aus Zürich. ↘
Rückfrage	Und Sie? ↗	Ich komme aus Freiburg. ↘

3 Was kostet das?

Lernziele
- über Preise sprechen
- Verkaufsgespräche führen
- Gegenstände beschreiben
- Kleinanzeigen verstehen
- Zahlen bis 1 Million kennen

1 Gegenstände
a Lesen Sie die Wortliste. Was kennen Sie? Ordnen Sie zu.

der Computer	der Kuli	der Herd	der Stuhl
der Drucker	der Bleistift	der Wasserkocher	der Tisch
der Fernseher	das Heft	das Bügeleisen	die Lampe
der MP3-Player	das Wörterbuch	die Kaffeemaschine	
das Handy	die Schere	die Waschmaschine	
die DVD			

○ 1.26   **b** Hören Sie und sprechen Sie mit.
c Was ist was? Sprechen Sie.

Nummer 16: der Computer.

3

2 Was kostet …?

● 1.27 **a** Was kostet was? Hören Sie und ergänzen Sie die Preise.

Dialog 1
● Ich möchte die Lampe.
○ Die Lampe?
● Na, die da! Was kostet sie?

○ Nur _____ Euro.
● Das ist sehr teuer.

Dialog 2
● Schau mal, der Drucker ist ja billig. Er kostet nur

_____ Euro.
○ Der ist bestimmt kaputt.

Dialog 3
● Der Fernseher kostet 180 € und das Bügeleisen nur 8.
○ Der Fernseher ist sehr klein. 180 ist sehr viel. 110 €?
● Nein, das ist sehr wenig. Er ist fast neu.
○ 130.
● _____ €.
○ O. k.

b Preise nennen – Fragen Sie im Kurs.

Käufer/in	Verkäufer/in
Was kostet der/das/die …? Das ist sehr teuer.	Nur … Euro.
… Euro?	Aber er/es/sie ist fast neu. Das ist sehr wenig.

c Schreiben Sie Dialoge und spielen Sie.

siebenundzwanzig 27

3 Nomen und Artikel: der/das/die
a Sammeln Sie Nomen. Lesen Sie laut.

der	das	die
der Kaffee	das Buch	die Tasche

der Computer   das Handy   die Waschmaschine

TIPP Nomen immer mit Artikel lernen.

b Üben Sie.

Computer — der Computer
Handy — das Handy

Was kostet der Computer?
Der Computer kostet … Euro. Was …?
Das …

4 Was kostet wie viel?

○ 1.28 a Hören Sie und ordnen Sie die Ziffern den Wörtern zu.

a) 65 €   [f] dreitausendachthundert
b) 139 €   [ ] drei Millionen zweihundertfünfundsechzigtausend einhundertsiebzig
c) 289 €   [ ] einhundertneununddreißig
d) 717 €   [ ] fünfundsechzig
e) 2.312 €   [ ] siebenhundertfünfundvierzigtausend sechshundert
f) 3.800 €   [ ] siebenhundertsiebzehn
g) 745.600 € [ ] zweihundertneunundachtzig
h) 3.265.170 € [ ] zweitausenddreihundertundzwölf

b Sehen Sie die Bilder und Preise an. Raten Sie: Welcher Preis von a passt wo?

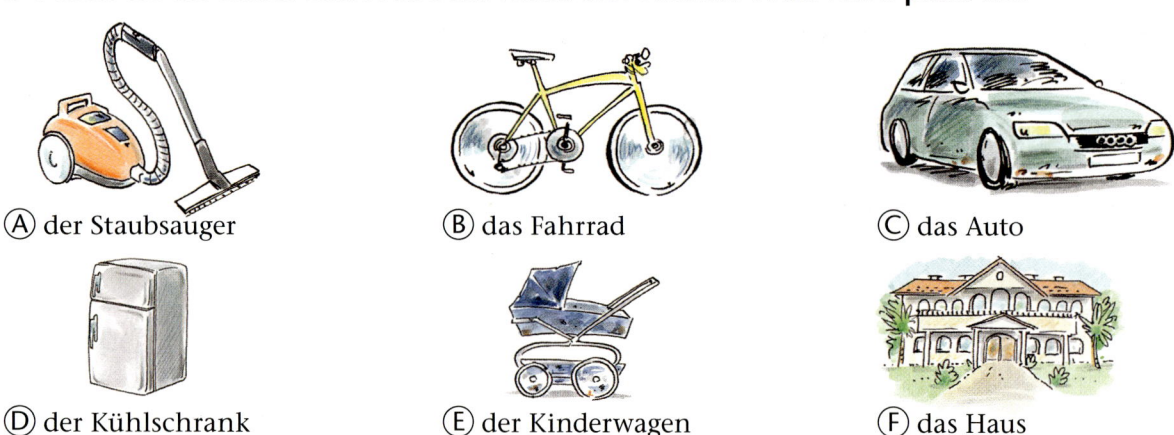

Ⓐ der Staubsauger   Ⓑ das Fahrrad   Ⓒ das Auto
Ⓓ der Kühlschrank   Ⓔ der Kinderwagen   Ⓕ das Haus

○ 1.29 c Sechs Dialoge – Hören und kontrollieren Sie.

5 Das ist *ein/eine, kein/keine, mein/meine ...*

a Hören Sie – Ordnen Sie die Bilder den Dialogen zu.

 A  B  C

Dialog 1
- Ist das ein Fernseher?
- Nein, das ist kein Fernseher. Das ist ein Monitor.
- Wie viel kostet er?
- 35 Euro.

Dialog 2
- Ist das ein Handy?
- Ja, klar.
- Wie viel kostet es?
- Für Sie nur 25 Euro.

Dialog 3
- Ist das dein Handy?
- Nein, das ist meine Digitalkamera.
- Ist sie gut?
- Ja, super.

b Was ist das? Zeichnen und raten Sie.

- Ist das ein Bleistift?
- Nein, das ist kein Bleistift, das ist ein Kuli.
- ▲ Ist das eine Schere?
- △ Nein, das ist keine ...

der	ein	mein
das	ein	mein
die	eine	meine

6 *Mein/e, dein/e*

a Zeigen und sprechen Sie.

| ich | mein/e |
| du | dein/e |

b Ergänzen Sie.

der Bleistift	ein Bleistift	m_____ Bleistift
das Handy	_____ Handy	_____ Handy
die Schere	ein___ Schere	_____ Schere

c Gegenstände beschreiben – Schreiben Sie Sätze und sprechen Sie.

der/ein/mein/dein	Kuli/Fernseher/MP3-Player ...
das/ein/mein/dein	Handy/Heft/Buch ...
die/eine/meine/deine	Lampe/Tasche/Waschmaschine

billig/teuer kaputt
praktisch
schön
neu/alt
modern

Das ist mein Kuli. Der Kuli ist kaputt.
Das ist eine Lampe. Die Lampe ist ...

7 Ein Flohmarkt im Kursraum
a Was kennen Sie auf Deutsch? Was nicht? Suchen Sie im Wörterbuch und ordnen Sie zu.

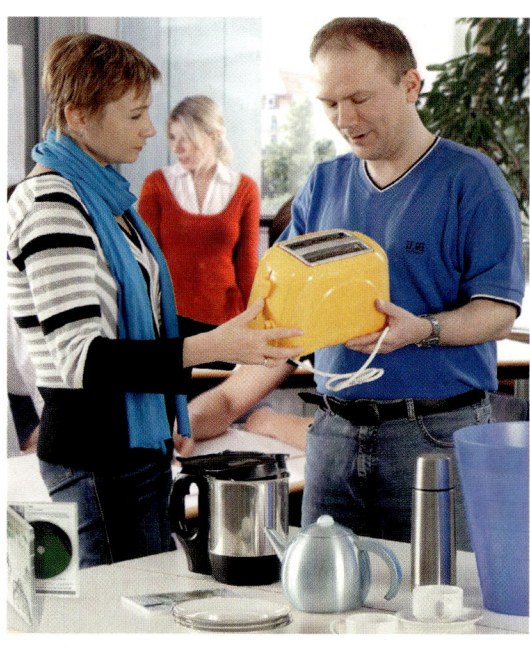

⊙ 1.31 **b Dialog auf dem Flohmarkt –
Hören Sie und sprechen Sie.**
● Ist das eine Kaffeekanne oder eine Teekanne?↘
○ Das ist eine Kaffeekanne, eine Thermoskanne.↘
● Was kostet sie?↗
○ Nur zwei Euro!↘
● Das ist aber billig!↘
○ Ja, ein Schnäppchen …→
● Funktioniert sie?↗
○ Na klar!↘

8 Artikel und Personalpronomen
a Lesen Sie die Dialoge auf Seite 29–30 noch einmal.
Markieren Sie die Personalpronomen.
b Ergänzen Sie die Personalpronomen.

1. **Der** Computer ist sehr teuer. _____ kostet fast 300 Euro.

2. **Das** Handy kostet 100 Euro. _____ ist fast neu.

3. **Die** Lampe kaufe ich. _____ ist sehr schön.

4. Ich mag **deine** Brille. _____ ist super.

5. **Dein** Kugelschreiber ist toll. Wie teuer ist _____?

6. Ist das **dein** Handy? _____ ist toll.

der	**er**
das	**es**
die	**sie**

30 *dreißig*

9 Kaufen und verkaufen – ein Rollenspiel
Spielen Sie Flohmarkt.

Käufer/in	Verkäufer/in
Was/Wie viel kostet …?	(Er/Es/Sie kostet) … Euro/Cent.
So viel?	Das ist kein/e …, das ist ein/e …
Das ist sehr teuer!	Alles zusammen …
Ich zahle …	Sehr billig!
… ist bestimmt kaputt.	Für Sie nur …
Funktioniert er/es/sie/…?	Nur heute!
Gut, den/das/die nehme ich.	Er/Es/Sie funktioniert prima.

Qualität

modern
praktisch
(sehr) billig
(sehr) teuer
funktioniert (nicht)
kaputt
schön
neu
gebraucht

10 Aussprache: lange und kurze Vokale

○ 1.32 **a Lang ___** Hören Sie die Wörter und Sätze und sprechen Sie nach.

l<u>e</u>sen • die Sch<u>e</u>re • das B<u>u</u>ch • w<u>o</u>hnen • die T<u>a</u>fel • s<u>ie</u>ben • das B<u>ü</u>geleisen

Guten T<u>ag</u>!↘   Haben Sie ein B<u>ü</u>geleisen?↗   Haben Sie eine Sch<u>e</u>re?↗

○ 1.33 **b Kurz •** Hören Sie die Wörter und Sätze. Sprechen Sie nach.

das H<u>e</u>ft • die L<u>a</u>mpe • pr<u>a</u>ktisch • b<u>i</u>llig • der T<u>i</u>sch • der Dr<u>u</u>cker • kap<u>u</u>tt • k<u>o</u>mmen • k<u>o</u>sten

Das Heft ist pr<u>a</u>ktisch.↘   Der Drucker ist bestimmt kap<u>u</u>tt.↘   Was kostet die L<u>a</u>mpe?↗

○ 1.34 **c** Hören Sie und sprechen Sie nach.

● Was kostet der P<u>a</u>pierkorb?↗   ▲ Ich möchte die Sch<u>e</u>re und das H<u>e</u>ft.↘

○ V<u>ie</u>r Euro.↘ – Na g<u>u</u>t, heute dr<u>ei</u> Euro!↘   △ G<u>er</u>n.↘ Zusammen zw<u>ei</u> Euro, bitte.↘

 Projekt
Flohmärkte in der Region

Wo? Wann? Was?
Internetsuchwörter:
Flohmärkte Deutschland/
Schweiz/Österreich …

Deutsch verstehen

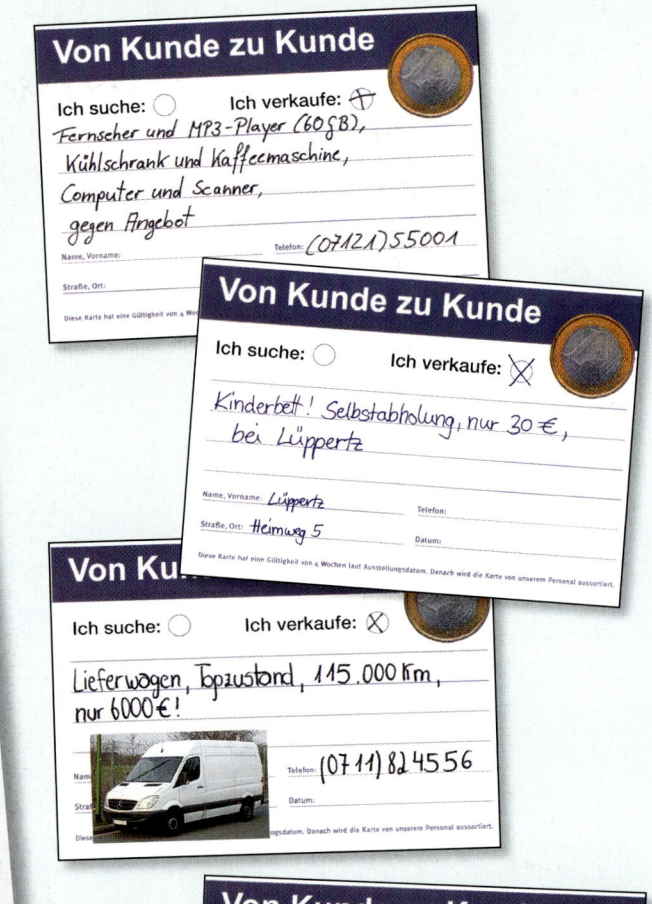

Billig! Billig! Billig!
Preiswert einkaufen

Von Privat an Privat

Waschmaschine, neu! Nur 250 €, Tel. 882281

Mixer und Kaffeemaschine, je 10 €, bei Frei, Bühlerstr. 5

Haushaltsgeräte, z. B. Wasserkocher, Bügeleisen, Kühlschrank, billig zu verkaufen! Tel. 2 23 86

Spülmaschine, 5 Jahre alt, 90 €, Tel. 1 41 47

Kinderfahrrad und Kinderwagen, je 30 €, Baaderstr. 12, bei Schmidt

Billige Kindersachen! Flohmarkt, Samstag, 10 Uhr, Endres-Grundschule

Staubsauger, kaputt, nur 5 €!, Tel. 36 09 61

Fernsehapparat und DVD-Recorder, zusammen nur 150 €, Tel. 1 49 87

Kinderwagen und Kinderstuhl, zus. nur 120 €! Pinocchio, Ligsalzstr. 45

Kühlschrank und Waschmaschine, fast neu! Selbstabholung, Tel. 3 74 82

Fernsehapparat 50 €, **Stereoanlage** 100 €, **DVD-Recorder** 50 €, **Computer und Drucker** zus. 150 €, 0168 987234

Schöne Lampen bei Lampen-Lutz, ab 10 €!

Von Kunde zu Kunde
Ich suche: ○ Ich verkaufe: ✚
Fernseher und MP3-Player (60 GB), Kühlschrank und Kaffeemaschine, Computer und Scanner, gegen Angebot
Telefon: (07121) 55001

Von Kunde zu Kunde
Ich suche: ○ Ich verkaufe: ✗
Kinderbett! Selbstabholung, nur 30 €, bei Lüppertz
Name, Vorname: Lüppertz
Straße, Ort: Heimweg 5

Von Kunde zu Kunde
Ich suche: ○ Ich verkaufe: ✗
Lieferwagen, Topzustand, 115.000 km, nur 6000 €!
Telefon: (07 11) 82 45 56

Von Kunde zu Kunde
Ich suche: ○ Ich verkaufe: ✗
Kinderwagen, neu! Billig abzugeben. Bitte nach 18 Uhr anrufen.
Telefon: (07121) 67 89 41

---

11 Was möchten Sie kaufen?

1. Sie brauchen Sachen für Ihre Kinder.
2. Ihre Waschmaschine ist kaputt.
3. Sie möchten fernsehen.
4. Sie hören gern Musik.

> billige Kindersachen (Flohmarkt)

a Sammeln Sie Angebote.
b Ordnen Sie Ihre Angebote von € (sehr billig) bis €€€ (sehr teuer).

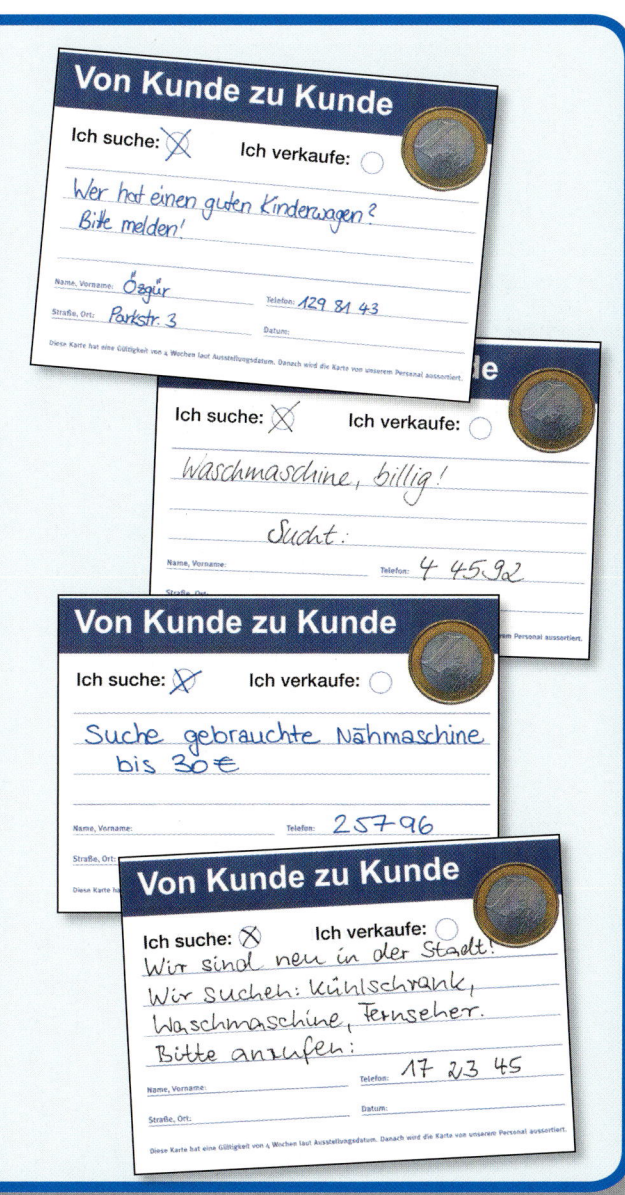
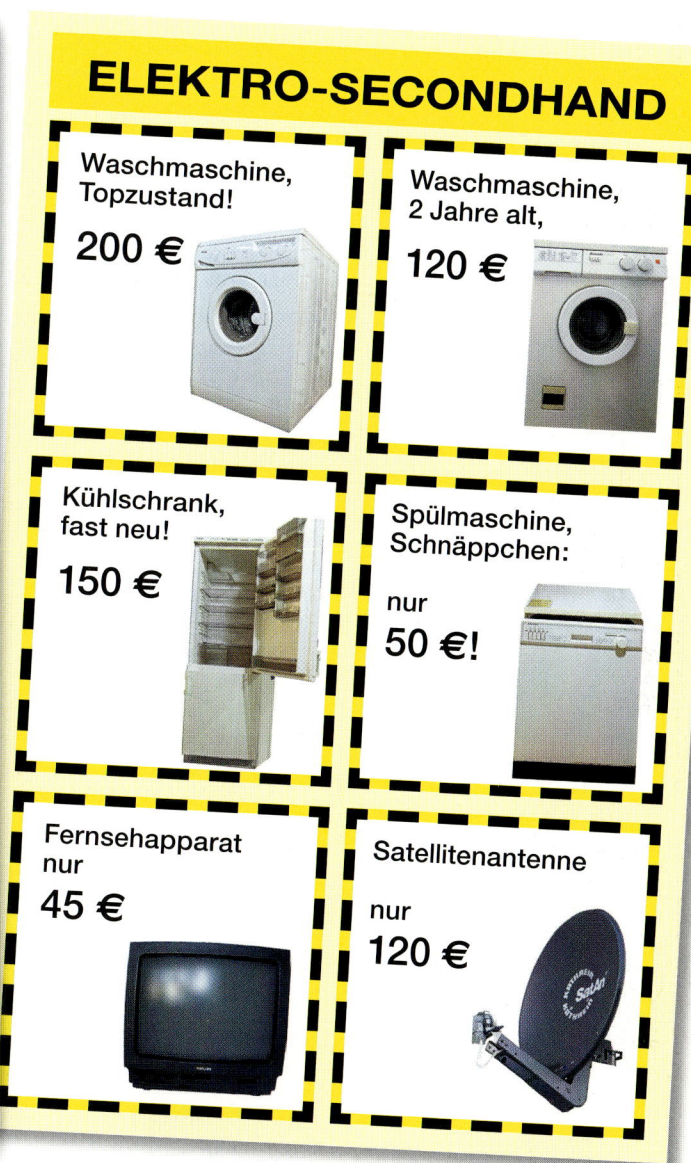

12 Zwei Gespräche

1.35 a Hören Sie: Was suchen die Personen?

Dialog 1 _____ Dialog 2 _____

b Hören Sie noch einmal: Was zahlt der Käufer / die Käuferin?

Dialog 1 _____ Dialog 2 _____

13 Lange Wörter verstehen

a Lesen Sie die Wörter. Welche Wörter finden Sie in den Wörtern?

der Kühlschrank • der Wasserkocher • das Wörterbuch • die Kaffeemaschine • das Kinderbett • die Teekanne • der Papierkorb • die Satellitenantenne • der Lieferwagen

der Kühlschrank   kühl + der Schrank

b Suchen Sie noch mehr „lange Wörter" in den Anzeigen. Sammeln Sie im Kurs.

Auf einen Blick

Im Alltag

1 Was kostet …?

- Was kostet der Fernsehapparat?
- Das ist sehr teuer.
- ○ 249 Euro.
- ○ Nein, er ist fast neu.

- Wie viel kostet die CD?
- Das ist sehr teuer.
- ○ Nur 8 Euro und 50 Cent.
- ○ Nein, das ist sehr billig.

- Ist der Staubsauger neu?
- Ist das ein Papierkorb?
- ○ Nein, er ist gebraucht. Zwei Jahre alt.
- ○ Nein, eine Lampe.

- Funktioniert der Drucker?
- Funktioniert die Uhr?
- Ist das Bügeleisen kaputt?
- ○ Ja, er druckt gut.
- ○ Nein, sie funktioniert nicht.
- ○ Nein, es funktioniert.

2 Der Euro

Geldscheine und Euromünzen gibt es seit 2002. Die Länder der Eurozone finden Sie im Internet unter: „Euro", „Eurozone".

3 Die Zahlen bis eine Million

0 null	10 zehn	20 zwanzig	100 (ein)hundert
1 eins	11 elf	21 einundzwanzig	101 (ein)hunderteins
2 zwei	12 zwölf	22 zweiundzwanzig	113 (ein)hundertdreizehn
3 drei	13 dreizehn	30 dreißig	221 zweihunderteinundzwanzig
4 vier	14 vierzehn	40 vierzig	
5 fünf	15 fünfzehn	50 fünfzig	866 achthundertsechsundsechzig
6 sechs	16 sechzehn	60 sechzig	
7 sieben	17 siebzehn	70 siebzig	1.000 (ein)tausend
8 acht	18 achtzehn	80 achtzig	1.113 (ein)tausendeinhundertdreizehn
9 neun	19 neunzehn	90 neunzig	100.000 (ein)hunderttausend
			1.000.000 eine Million

Im Alltag EXTRA
▶ S. 122

Grammatik

1 Artikel: unbestimmter (*ein/eine*) und bestimmter Artikel (*der/das/die*)

- Was ist das?
- Das ist …

… **ein** Herd

Der Herd ist alt.

… **ein** Bügeleisen

Das Bügeleisen ist kaputt.

… **eine** Waschmaschine

Die Waschmaschine ist neu.

2 Artikel: *der/das/die – ein/eine – kein/keine – mein/meine, dein/deine*

der Kuli	Das ist **ein/kein/mein/dein** Kuli.
das Heft	Das ist **ein/kein/mein/dein** Heft.
di**e** Schere	Das ist ein**e**/kein**e**/mein**e**/dein**e** Schere.

TIPP Nomen immer mit Artikel lernen.

die Schere
Was kostet die Schere?

3 Artikel und Personalpronomen (*er/es/sie*) (▶ S. 15, 25)

Der Kuli ist sehr schön und ↳ **er** funktioniert auch gut.	**Das** Handy kostet 95 Euro. ↳ **Es** hat auch eine Kamera.	**Die** Waschmaschine ist neu. ↳ **Sie** wäscht sehr gut.
Mein Fernseher ist gut. ↳ **Er** ist fast neu.	**Dein** Handy ist super! ↳ **Es** hat auch Internet.	Rolf hat **eine** Digitalkamera. ↳ **Sie** ist super.

Aussprache

Vokale: *a, e, i, o, u*

Sie hören/sprechen	Sie lesen/schreiben:	Beispiele:
a – e – i – o – u	Vokal + h	z**eh**n, w**oh**nen
	Zwei Vokale	T**ee**, s**ie**ben
	Vokal + ein Konsonant	T**a**g, N**a**me, h**ö**ren
a – e – i – o – u	Vokal + mehrere Konsonanten	H**e**ft, Tab**e**lle

fünfunddreißig **35**

Raststätte

1 **Zehn Wörter und viele Sätze**
   Spielen Sie.

Spielregel:
– A sagt ein Wort, B notiert Sätze dazu (30 Sekunden). Pro Satz ein Punkt.
– Dann sagt B ein Wort und A notiert Sätze.

– Spielzeit: 10 Minuten.

– Die Kursleiterin / Der Kursleiter kontrolliert. Wer hat die meisten Punkte?

A	B
wer	wie
Heft	Hallo
heißen	ist
Russland	woher
Deutschlehrerin	Telefonnummer
kommen	aus
wo	sprechen
kosten	Englisch
Tee	trinken
wohnen	Kuli

Ⓐ  *Deutschlehrerin*

Ⓑ *Wo ist die Deutschlehrerin?*
   Wie heißt die Deutschlehrerin?

2 **Dialoge**
   1.36 **Hören Sie, ordnen Sie und lesen Sie vor.**

Dialog 1
● Woher kommen Sie?
● Guten Tag, mein Name ist Nikos Koukidis.
● Ich komme aus Griechenland, aus Athen.
○ Und ich bin Boris Bogdanow.
○ Ich komme aus der Ukraine, und Sie?
○ Und ich bin aus Kiew.

Dialog 2
● In der Blumenstraße 34.
● Nur Handy. Die Nummer ist 0172 5480808.
● Wo wohnst du?
○ In der Kaiserstraße, und du?
○ Hast du Telefon?

● *Guten Tag, mein …*

● *Wo wohnst du?*

3 **Bilder und Dialoge**
   Sehen Sie die Bilder an und schreiben Sie Dialoge.

4 Würfelspiel – Verben konjugieren
Spielen Sie.

Spielregel:
- A würfelt.
- B wählt ein Verb.
- A sagt einen Satz.
- Wer hat die meisten Punkte?
- Pro Satz ein Punkt.

brauchen lesen ordnen ergänzen
heißen machen sprechen haben trinken
kosten nehmen wohnen lernen
möchten schreiben suchen hören
kaufen kommen spielen sein liegen

Eins! wohnen
Ich wohne in Berlin.

 ich   wir

 du   ihr

 er/es/sie   sie/Sie

5 Das Wortschatz-Bild
a Raten Sie. Wie viele Gegenstände zeigt das Bild – 28, 36 oder 44?

das Auto • das Bild • der Bleistift • die Brille • das Buch • das Bügeleisen • die CD • der Computer • die Digitalkamera • der Drucker • die DVD • das Fahrrad • der Fernseher • der Fußball • das Handy • das Heft • der Herd • die Kaffeemaschine • der Kinderwagen • der Kühlschrank • der Kuli • die Lampe • der MP3-Player • der Papierkorb • das Radio • die Schere • die Spülmaschine • der Staubsauger • der Stuhl • die Tasche • die Tasse • der Tisch • die Uhr • die Waschmaschine • der Wasserkocher • das Wörterbuch

b Nomen und Artikel – Schreiben Sie die Wörter in eine Tabelle.

der	das	die
		die Waschmaschine

siebenunddreißig 37

Raststätte

Video

Teil 1

Ergänzen Sie die Sätze.

Er heißt Florian Stützel.
Er ist _____ Jahre alt.
Er kommt aus _____.
Er mag _____
und _____.

Sie heißt Jenny Stölken.
Sie kommt aus _____.
Sie hat _____ Kinder.

Er heißt Gasan.
Seine Eltern kommen aus der _____.
Er spricht Türkisch, _____ , _____ und _____.

Teil 2

Beantworten Sie die Fragen.

1. Was sucht die Frau?
   ☐ Waschmaschine
   ☐ Kühlschrank
   ☐ _____
2. Wie ist die Adresse von Frau Noll?
3. Wie viel zahlt sie?

Effektiv lernen

> **TIPP** Regelmäßig lernen heißt: jeden Tag ein paar Minuten lernen.

Sehen Sie die Bilder an und testen Sie den Lerntipp:

Wählen Sie 30 Wörter aus Kapitel 4.

Wiederholen Sie sechs Tage je fünf Minuten.

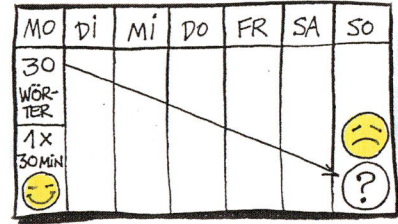 

1

Was kann ich schon?

Machen Sie die Aufgaben 1 bis 6 und kontrollieren Sie im Kurs.

1. Name und Adresse

2. Buchstabieren

A-L-O-I-S L-E-I-N-E-B-E-R-G-E-R

3. Die Frage „Wie geht es Ihnen?" beantworten

4. Nach der Telefonnummer fragen

  892187

5. Preise

6. Im Unterricht

Schreiben Sie ...
Sprechen Sie ...
Wiederholen ...

Mein Ergebnis finde ich: ☺ ☺ ☹

Ich über mich

**Lesen Sie den Text von Jana.
Stellen Sie sich vor.
Schreiben Sie.**

Mein Name ist ...

Ich bin ... Jahre alt.

Ich komme aus ...

Ich wohne (jetzt) in ...
(Adresse: Straße, Hausnummer,
 PLZ, Ort, Bundesland)

Meine Telefonnummer ist ...

Ich spreche ... (Sprachen)

Ich bin im Deutschkurs ...

Mein/e Lehrerin ...

> Ich heiße Jana Romanova und komme aus Russland, aus Petersburg.
> Ich bin 26 Jahre alt. Ich wohne jetzt in Ludwigshafen in Rheinland-Pfalz. Meine Adresse ist: Berliner Platz 2, 67059 Ludwigshafen.
> Meine Handy-Nummer ist 0161/42 89 93 20. Ich spreche Russisch und Englisch.
>
> Ich bin im Deutschkurs A1, in der VHS Ludwigshafen. Meine Kursleiterin

neununddreißig **39**

4 Wie spät ist es?

morgens

Lernziele
- Uhrzeiten/Tageszeiten angeben
- über den Tagesablauf sprechen
- sich verabreden

1 Ein Tag
Sehen Sie die Bilder A–F an und ordnen Sie die Sätze zu.

1. Wir frühstücken am Morgen zusammen. Um Viertel vor acht bringe ich meine Tochter Lea zur Kinderkrippe.

2. Ich trinke Kaffee und lese 20 Minuten die Zeitung. Um halb acht gehen mein Sohn und ich zur Arbeit. Er macht gerade ein Praktikum. Meine Frau geht schon um Viertel nach sieben weg. Meine Tochter hat um acht Uhr Schule.

3. Ich arbeite zu Hause. Ich stehe um neun Uhr auf. Ab zehn Uhr sitze ich am Computer.

4. Nach dem Abendessen spielen wir Karten oder reden ein bisschen und sehen fern.

5. Abends arbeite ich oft bis halb elf. Mein Abendessen bringt der Pizza-Service.

6. Ich bin Deutschlehrerin und arbeite von 9 bis 16 Uhr. Abends spiele ich noch ein bisschen mit Lea.

abends

2 Wie spät ist es?

a Hören Sie die Dialoge. Was ist richtig?

1.37

Dialog 1: Es ist
☐ halb acht.
☐ fünf vor acht.
☐ Viertel vor acht.

Dialog 2: Es ist
☐ Viertel nach sechs.
☐ halb sieben.
☐ Viertel nach sieben.

Dialog 3: Es ist
☐ zehn.
☐ zehn nach zehn.
☐ Viertel nach zehn.

b Fragen und antworten Sie. Raten Sie die Uhr.

A  B  C D  E  F

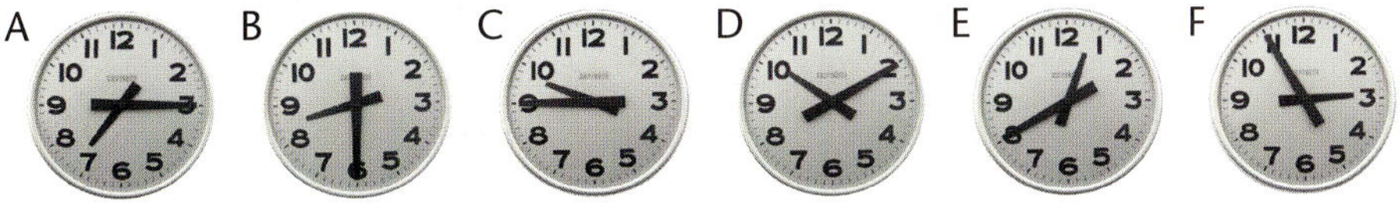

Wie viel Uhr ist es?
Es ist Viertel vor zehn.
Das ist Uhr C.

3 Von morgens bis abends
a Ordnen Sie die Bilder A–F den Sätzen 1–6 zu.

1. _A_ Walter Baier steht jeden Morgen um sechs Uhr auf. Er duscht zehn Minuten.
2. ___ Er isst um Viertel vor sieben zu Abend und dann sieht er fern.
3. ___ Nach der Arbeit kauft er ein. Er ist um Viertel nach fünf zu Hause.
4. ___ Um halb acht fängt die Arbeit an. Er arbeitet jeden Tag acht Stunden.
5. ___ Von zwölf Uhr bis halb eins macht er Mittagspause.
6. ___ Er frühstückt von Viertel nach sechs bis Viertel vor sieben und liest die Zeitung.

b Und Sie? – Schreiben Sie 1–6 neu.

> A Ich stehe jeden Morgen um ... auf. Ich frühstücke von ...

4 Verbformen
a Notieren Sie die Verben in 3a und die Infinitive.

> steht ... auf   aufstehen

aufstehen – auf ✂ stehen
Sie steht ... auf.
einkaufen – ein ✂ kaufen
Sie kauft ein.

b Trennbare Verben – Schreiben Sie die Sätze.

1. ich / aufstehen / jeden Morgen / um sechs Uhr
2. der Unterricht / anfangen / jeden Tag / um 9 Uhr
3. nach der Arbeit / ich / immer / einkaufen
4. wann / der Supermarkt / aufmachen / ?

> Ich stehe jeden Morgen ...
> ...

5 Aussprache: Wortakzent und Rhythmus

◉ 1.38 Hören Sie zu und sprechen Sie nach. Markieren Sie den Wortakzent.

1. •.. aufwachen – aufstehen – einkaufen
2. ..• Sara wacht auf. – Sara steht auf. – Herr Weiß kauft ein.
3. •... Mittagspause – Kaffee trinken – Zeitung lesen
4. ..•. Sie isst Brötchen. – Er trinkt Kaffee. – Sie liest Zeitung.

6 Tages- und Uhrzeiten

a Notieren Sie je ein Beispiel. Sammeln Sie im Kurs.

kochen

ins Kino gehen

abwaschen

die Wohnung putzen

Fußball spielen

Hausaufgaben machen

Am Morgen / Morgens ... (5 bis 9 Uhr)	Am Vormittag / Vormittags ... (9 bis 12 Uhr)	Am Mittag / Mittags ... (12 bis 14 Uhr)
Am Nachmittag / Nachmittags ... (14 bis 18 Uhr)	Am Abend / Abends ... (18 bis 22 Uhr)	In der Nacht / Nachts ... (22 bis 5 Uhr)

Morgens stehe ich auf und frühstücke.
Vormittags arbeite ich.

b Schreibe Sie die Uhrzeiten wie im Beispiel.

19:45
20:10
20:30
20:45
20:50

Alltagssprache
Viertel vor acht
_____
_____
_____
_____

7 Wann …? Wie lange …?
Fragen und antworten Sie.

MUSEUM
DI–FR 9:30–20

Metzgerei
MO–FR
7:45–18:30
SA 9.00–14.00

Deutschkurs
A1 intensiv
MO–FR
13.15–17.00

❀ **Bäckerei** ❀
MO–FR 6:15–20 Uhr
SA 9–19 Uhr

Fernsehprogramm
Mittwoch
Film
20.15 Matrix
22.45 Rambo 10

BIBLIOTHEK
MO–SA
9:45–19:15

Schwimmbad
MO–SO
09.00–21.00

MO	Montag
DI	Dienstag
MI	Mittwoch
DO	Donnerstag
FR	Freitag
SA	Samstag
SO	Sonntag

Wann beginnt …? Wann ist … zu Ende? der Film/Deutschkurs … / das Theater	Am Montag/Dienstag … Um … (Uhr).
Wann macht … auf/zu? das Schwimmbad/Café/Museum / der Zoo die Bibliothek/Bäckerei/Metzgerei	Um … (Uhr).
Von wann bis wann ist … auf?	Von … bis … (Uhr).
Wie lange dauert …? Wie lange ist … geöffnet?	… Stunden/Minuten … Stunden/Minuten

8 Interviews im Kurs

◉ 1.39 **a Hören Sie das Beispiel und notieren Sie die Informationen.**

b Fragen und antworten Sie wie im Beispiel.

Wann stehst du auf? Wann gehst du zur Arbeit / zum Kurs? Wann machst du Pause? Um wie viel Uhr …?	Um … Kurz vor/nach …
Wie lange frühstückst du? Von wann bis wann arbeitest/lernst du? Liest du morgens die Zeitung?	Eine halbe Stunde. / Zehn Minuten. Von … bis … Ja, zehn Minuten. / Nein.

c Berichten Sie im Kurs.

Mehmet steht um kurz vor sieben auf. Er frühstückt zehn Minuten. Er liest keine Zeitung. Um acht Uhr …

44 vierundvierzig

9 Kommst du mit …?

a Was gibt es am Donnerstag, Freitag, Samstag, Sonntag? Sammeln Sie im Kurs.

SPORT	KINO/THEATER	MUSIK	SONSTIGES
WORK OUT 35 x in Deutschland! Neu in Grünstadt! Fitness für Jung und Alt ERÖFFNUNGSFEST am Samstag BEGINN: 11 Uhr Tel. 13 03 13	**CINEMA QUADRAT** Leopoldallee 82 M – Eine Stadt sucht einen Mörder Spannender Krimi DO/FR – Beginn 20 Uhr Reservierung: Tel. 22 235	**JAZZ IM METRONOM** Musik & Essen Freitag: Tony Stone Quartett 22 Uhr, Eintritt: 10 Euro Reservierung: Tel. 80975	**FUSSGÄNGERZONE** Kindertag mit vielen Aktivitäten Samstag, Beginn 11:30 Uhr **FLOHMARKT** (Schillerplatz) Samstag ab 9 Uhr (Ende 13 Uhr)
BOWLING 3. Grünstädter Turnier (für alle!) Sonntag 10–16 Uhr Sporthalle Waldstadion	**CINEMA QUADRAT** „Fußballladies" Kultfilm von R. Rosner über die Frauen-Weltmeisterschaft SA/SO: 11 Uhr	**ROCK IM PARK** *TokStok* *auf Tour* Donnerstag Beginn: 20 Uhr (Ende gegen 22 Uhr)	**GOTTESDIENST** Sonntag: Kath. Messe 8 u. 10 Uhr Ev. Gottesdienst 10 Uhr
FUSSBALL Sportclub Grünstadt – FC Nussloch Sonntag 18.30, Waldstadion			**STADTRUNDFAHRT**
SCHWIMMBAD Schwimmkurse für Anfänger SA + SO von 9–11 Uhr	**THEATER AM BERLINER PLATZ** „Das Sams" Für Kinder und Eltern FR–SO, Beginn 17 Uhr Eintritt: Erwachsene 10 €, Kinder 4 €	**DJ TOTO** im Metronom Indie, Reggae, Hip-Hop Freitag ab 22 Uhr	Mit dem Fahrrad durch Grünstadt Treffpunkt: Rathaus Samstag, 11 Uhr (Dauer ca. 2 1/2 Stunden)

○ 1.40 **b** Sie hören drei Dialoge. Was machen die Leute? Notieren Sie die Dialognummer.

____ Bowling/Fußball   ____ Jazz   ____ Konzert

c Üben Sie den Dialog.

- Mina<u>ko</u>va.↘
- Ja.↘
- Hallo, <u>Pe</u>ter!↘
- Tok<u>S</u>tok? Das ist ja <u>su</u>per.↘
- Ja, <u>klar</u>.↘ Was kostet die <u>Kar</u>te?↗

○ <u>Ol</u>ga?↗
○ Hallo, <u>Ol</u>ga, hier spricht <u>Pe</u>ter.↘
○ Olga, am <u>Donn</u>erstag spielt <u>Tok</u>Stok.↘ Hast du <u>Zeit</u>?↗
○ Kommst du <u>mit</u>?↗
○ Ich lade dich <u>ein</u>.↘ Da<u>nach</u> gehen wir …↘

d Machen Sie Verabredungen.

Hast du morgen Mittag/Abend/… Zeit? Hast du am Freitag/Samstag/ … Zeit?	Ja, klar. / Vielleicht. / Leider nein. Am … kann ich nicht.

Kommst du morgen / am Freitag / … mit
   ins Kino/Schwimmbad?
   in den Zoo/Zirkus/Park/Biergarten?
   zum Bowling/Stadtfest/…?
	Gerne.
	 Nein, dazu habe ich keine Lust.

Um wie viel Uhr? Wann beginnt …? Wann ist … zu Ende?	Um … … beginnt um … Uhr. … ist um/gegen … Uhr zu Ende.

Deutsch verstehen

10 Das Handy
a Sehen Sie die Bilder an. Welche Bilder passen zu Text A und welche zu Text B?

LUKAS BUCHER
Informatiker
Goethestraße 13
90491 Nürnberg

A Die Arbeitswoche von Lukas Bucher

1 Von Montag bis Freitag klingelt das Handy von Lukas Bucher um zehn nach sieben. Er macht das Radio an und geht duschen.

2 Um Viertel vor acht geht er in die Bäckerei an der Ecke. Er trinkt Kaffee, isst ein Brötchen und liest die Zeitung.

3 Um Viertel nach acht kommt der Bus Nr. 54 und Lukas fährt zur Firma. Um neun Uhr beginnt sein Arbeitstag.

4 Von 13 Uhr bis 13 Uhr 30 macht er Mittagspause. Er geht in die Kantine. Dann arbeitet er bis halb sechs.

5 Um halb sieben kommt Lukas nach Hause. Er macht den Fernseher an und macht das Abendessen. Um Viertel nach zehn sieht er die Nachrichten und dann geht er ins Bett.

6 Von Montag bis Freitag ist er allein. Er sieht seine Freundin nur am Wochenende. Sie telefonieren aber jeden Abend! Immer um halb elf! Er liegt im Bett, sie telefonieren und dann träumt Lukas Bucher von Samira.

B Gestern war alles anders. Lukas Bucher erzählt:

1 „Gestern hat mein Handy nicht geklingelt! Ich bin um halb acht aufgewacht. Ich bin ins Bad gegangen. Ich habe das Radio nicht angemacht. Ich habe geduscht. Das Wasser war kalt!

2 Um acht bin ich zur Bäckerei gegangen. An der Tür war ein Zettel: „Geschlossen wegen Krankheit".

3 Der Bus war auch weg! Ich habe eine halbe Stunde gewartet und bin um halb zehn zur Arbeit gekommen.

4 Ich bin nicht in die Kantine gegangen. Ich hatte keine Lust mehr. Um vier habe ich den Computer ausgemacht. Da hat der Chef angerufen. Er hatte „nur eine Frage …".

5 Das hat drei Stunden gedauert und ich bin um halb acht Uhr nach Hause gekommen.

6 Ich habe bis elf auf den Anruf von Samira gewartet. Dann habe ich sie angerufen, aber das Handy war aus. Ich bin ins Bett gegangen. Um ein Uhr bin ich eingeschlafen und habe von Handys, Chefs und Samira geträumt."

b Wo steht das: A oder B? Kreuzen Sie an.

1. [X] [B] Das Handy von Lukas klingelt.
2. [A] [B] Das Handy von Lukas klingelt nicht.
3. [A] [B] Lukas frühstückt in der Bäckerei.
4. [A] [B] Die Bäckerei ist zu.
5. [A] [B] Der Bus ist weg.
6. [A] [B] Lukas geht in die Kantine.
7. [A] [B] Lukas geht nicht in die Kantine.
8. [A] [B] Lukas spricht mit dem Chef.
9. [A] [B] Lukas telefoniert mit Samira.
10. [A] [B] Samira ruft nicht an.

c Samira ruft nicht an. Was ist los? Sammeln Sie im Kurs.

11 Gestern … – Vergangenheitsformen
a An diesen Verbformen erkennen Sie die Vergangenheit.

Das ist jetzt/heute …	Das war gestern / letzte Woche …	
Das Handy klingelt.	Gestern **hat** mein Handy nicht **geklingelt**.	klingeln
Ich wache auf.	Ich **bin** erst um halb acht **auf**gewacht.	aufwachen
Ich gehe ins Bad.	Ich **bin** ins Bad **gegangen**.	gehen
Es ist acht.	Es **war** schon nach acht.	sein
Ich habe keine Lust.	Ich **hatte** keine Lust.	haben

b Markieren Sie die Vergangenheitsformen im Text B. Wie heißen die Infinitive?

Ich habe geduscht.   *duschen*

Auf einen Blick

Im Alltag

1 Wie spät ist es?

Es ist 8 Uhr.
Es ist 10 vor 9. — Es ist 10 nach 8.
Es ist Viertel vor 9. — Es ist Viertel nach 8.
Es ist 20 vor 9. — Es ist 20 nach 8.
Es ist 5 nach halb 9. — Es ist 5 vor halb 9.
Es ist halb 9.

Es ist …

☀ ☾

8 Uhr.   20 Uhr.
8 Uhr 10. 20 Uhr 10.
8 Uhr 20. 20 Uhr 20.
8 Uhr 35. 20 Uhr 35.
8 Uhr 50. 20 Uhr 50.

Wie spät ist es?

Es ist kurz vor halb neun.

Wann kommst du nach Hause?

Um acht.

2 Hast du … Zeit?

Fragen

Hast du heute Zeit?
Hast du heute Morgen / heute Mittag / … Zeit?
Haben Sie morgen Zeit?
Haben Sie am Freitag / am Freitagabend Zeit?

Wann beginnt der Kurs?
Wann fängt das Kino an?
Um wie viel Uhr kommst du?
Wann ist das Konzert zu Ende?
Wie lange dauert das Konzert?

Antworten

Ja.
Vielleicht. Warum?
Leider nein.
Ja, Freitag passt gut.

Um 16 Uhr.
Um 20 Uhr 15.
Kurz vor/nach zwei.
Gegen elf.
Zwei Stunden.

3 Tageszeiten und Wochentage

am Morgen / morgens • am Vormittag / vormittags • am Mittag / mittags •
am Nachmittag / nachmittags • am Abend / abends • in der Nacht / nachts

Montag	Dienstag	Mittwoch	Donnerstag	Freitag	Samstag	Sonntag
18.00 Schwimmen						

am Montag / **am** Dienstag / **am** Mittwoch …

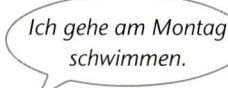

Ich gehe am Montag schwimmen.

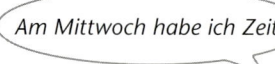

Am Mittwoch habe ich Zeit.

Im Alltag
EXTRA
▶ S. 124

Grammatik

1 Trennbare Verben und Satzklammer

Position 1	Position 2: Verb		Satzende	
Wann	wachst	du	auf?	auf✂wachen
Ich	wache	immer um sechs	auf.	
Um Viertel nach sechs	stehe	ich	auf.	auf✂stehen
Dann	mache	ich das Radio	an.	an✂machen
Wann	fängt	dein Deutschkurs	an?	an✂fangen
Um neun	fängt	mein Deutschkurs	an.	

Satzklammer

Diese trennbaren Verben kennen Sie schon: an✂fangen, an✂kreuzen, an✂machen, auf✂stehen, auf✂wachen, mit✂kommen

⚠️ **Kommst** du heute **mit** ins Kino?   Bei *mitkommen* steht oft noch eine Information nach dem „mit".

2 Zeitangaben im Satz

Postion 1	Position 2: Verb	
Am Montag	habe	ich keine Zeit.
Ich	habe	am Montag keine Zeit.
Um Viertel nach sechs	stehe	ich auf.
Ich	stehe	um Viertel nach sechs auf.

Aussprache

1 Trennbare Verben und Betonung

Der Wortakzent ist immer auf dem 1. Wortteil.

- • ∙ ∙ **auf**machen   ∙ ∙ ∙ ∙ ∙ ∙ ∙ • Der Supermarkt macht um acht **auf**.
- • ∙ ∙ **auf**stehen   ∙ ∙ ∙ ∙ ∙ ∙ •   Ich stehe um fünf Uhr **auf**.
- • ∙ ∙ **ein**kaufen   ∙ ∙ ∙ ∙ •   Herr Kakar kauft **ein**.

2 Wortakzent

einfache Wörter / trennbare Verben	nicht trennbare Verben	Endung *-ieren*	Endungen *-ion / -ei*
• …	∙ • …	… • ∙	… •
h**ö**ren	ver**kau**fen	telefo**nie**ren	Informa**tion**
Name	ent**schul**digen	funktio**nie**ren	Mill**ion**
aufstehen			Bäcker**ei**
einkaufen			

5 Was darf's sein?

A Bäckerei

B Supermarkt

C Markt

D Metzgerei

E Getränkemarkt

1 Lebensmittel

a Sehen Sie sich die Fotos an. Ordnen Sie die Wörter.

der Apfel	das Fleisch	das Mineralwasser
die Banane	der Joghurt	der Salat
das Bier	die Kartoffel	der Schinken
das Brot	der Käse	die Tomate
das Brötchen	der Kuchen	der Zucker
die Butter	die Milch	die Wurst

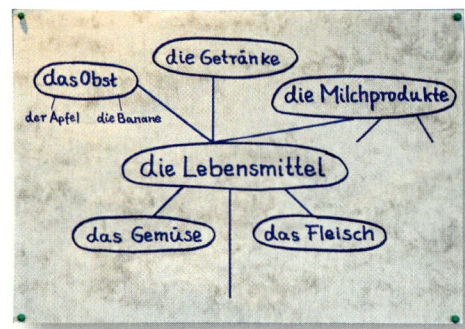

Lernziele
- Einkaufsdialoge verstehen und führen
- einen Einkaufszettel schreiben
- Kochrezepte verstehen

b Welche Lebensmittel kennen Sie auf Deutsch? Sammeln Sie und ordnen Sie nach Farben.

weiß   rot   grün   gelb   blau   braun   schwarz

2 Einkaufen

a Lesen Sie die Einkaufszettel und ergänzen Sie Ihre Wörterliste aus 1.

Brot, Pizza,
1 Packung Butter
6 Eier
1 kg Fleisch
200 g Schinken
150 g Käse
100 g Wurst
1 Flasche Wein
1 Pfund Fisch

6 Äpfel, 3 Bananen
1 kg Kartoffeln, Salat
1 Pfund Tomaten, 2 Paprika
Brot, 6 Brötchen
1 Paket Nudeln
500 g Reis
1 Kasten Saft
1 Kasten Wasser

⊙ 1.41 **b** Hören Sie. Wo kaufen Herr Podolski und Frau Schmidt ein? Notieren Sie.

Herr Podolski	Frau Schmidt
Fleisch – Metzgerei	Obst – ...

c Schreiben Sie einen Einkaufszettel für diese Leute. Vergleichen Sie im Kurs.

– Lukas Bucher (Kapitel 4, Seite 46)
– eine Familie mit fünf Personen
– ein Senioren-Ehepaar

500 Gramm = ein halbes Kilo = ein Pfund
1000 Gramm = ein Kilo
g = Gramm
kg = Kilogramm

ein Liter Milch
eine Flasche Bier
ein Kasten Apfelsaft
eine Packung Butter
ein Glas Marmelade
eine Dose Tomaten

3 Packung – Dose – Kasten – Kilo
Wie kauft man was? Ergänzen Sie die Listen.

Äpfel • Apfelsaft • Bananen • Bier • Birnen • Brote • Brötchen • Butter • Eier • Essig • Käse • Kartoffeln • Marmelade • Milch • Mineralwasser • Nudeln • Öl • Reis • Rindfleisch • Salami • Salz • Schinken • Schnitzel • Steaks • Tomaten • Zitronen • Zwiebeln • Zucker • Gurken

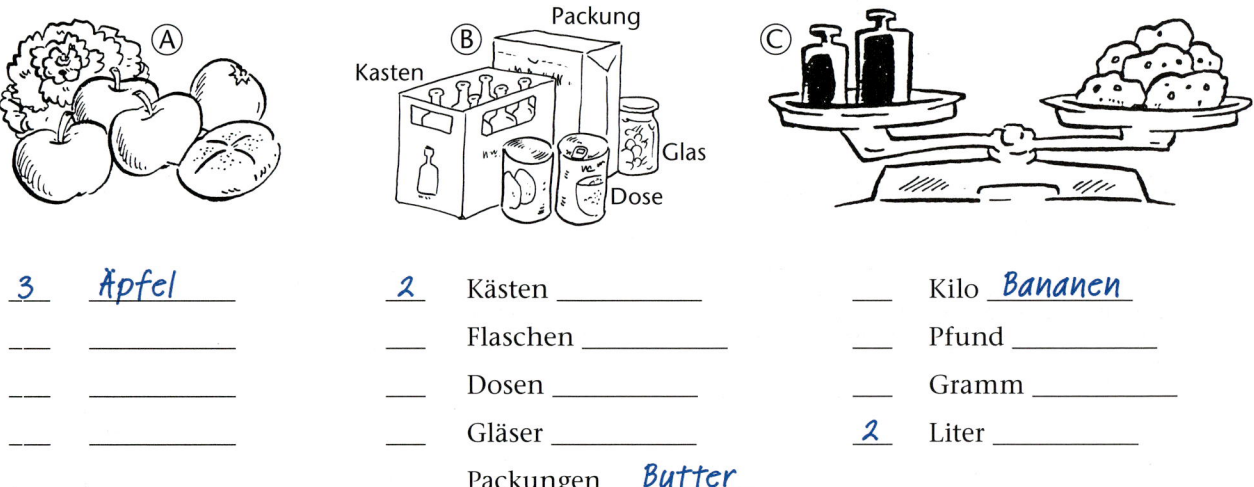

3	Äpfel	2	Kästen	___	Kilo Bananen
___	_____	___	Flaschen	___	Pfund
___	_____	___	Dosen	___	Gramm
___	_____	___	Gläser	2	Liter
___	_____	___	Packungen Butter		

4 Lebensmittel weltweit
a Welche Lebensmittel sind für Sie wichtig? Wie heißen sie auf Deutsch?

- ● Was ist denn das? Eine Birne?
- ○ Nein, eine Mango. Das heißt auf Deutsch auch Mango.

- ● Was heißt „berenjena" auf Deutsch?
- ○ Äh, ich glaube, Aubergine!

b Schreiben Sie Ihren Einkaufszettel für das Wochenende: Frühstück, Mittagessen, Abendessen.

5 Was mögen Sie?
a Lesen Sie die Tabelle und ergänzen Sie die Sprechblasen.

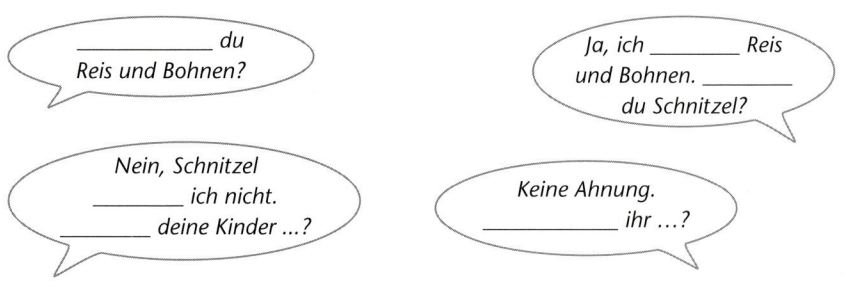

- _____ du Reis und Bohnen?
- Ja, ich _____ Reis und Bohnen. _____ du Schnitzel?
- Nein, Schnitzel _____ ich nicht. _____ deine Kinder ...?
- Keine Ahnung. _____ ihr ...?

	mögen
ich	mag
du	magst
er/es/sie	mag
wir	mögen
ihr	mögt
sie/Sie	mögen

b Fragen Sie im Kurs.

6 Nomen im Plural

a Schreiben Sie die Pluralformen und vergleichen Sie im Kurs.

das Glas • der Verkäufer • das Steak • das Brot • das Ei • die Mango • der Saft • die Kartoffel • das Schnitzel • die Packung • die Nudel • der Apfel

das Glas – die Gläser

> **TIPP** Nomen immer mit Artikel und Plural lernen.

b Notieren Sie zehn Nomen aus Kapitel 1 bis 4 auf Lernkarten. Arbeiten Sie mit dem Wörterbuch.

Heft² NT -(e)s, -e **a** (= *Schreibheft*) exercise book **b** (= *Zeitschrift*) magazine; (= *Comicheft*) comic; (= *Nummer*) number, issue; „**National Geographic 1998, ~ 3**" "National Geographic 1998, No 3" **c** (= *geheftetes Büchlein*) booklet

Heft n ⟨-s; -e⟩ (*Schreib~*) defter; (*Büchlein*) kitapçık; *Zeitschrift* sayı; (*Lieferung*) fasikül

c Tauschen Sie die Lernkarten und trainieren Sie im Kurs.

○ 1.42 **d** Ein Spiel – Hören Sie das Beispiel und spielen Sie im Kurs.

7 Aussprache: *ü* und *ö*

○ 1.43 **a** *ü*-Laute – Hören Sie zu und sprechen Sie nach.

üben • fünf • Gemüse • mit Gemüse • frühstücken • in München frühstücken • ein Menü kochen

Üben Sie das „Ü"!↘ • In München und Zürich?↗ • Natürlich!↘ • Fünf Minuten?↗

○ 1.44 **b** *ö*-Laute – Hören Sie zu und sprechen Sie nach.

schön • danke schön • möchten • Öl • mit Öl • Brötchen • zwölf Brötchen

Möchten Sie Brötchen?↗ – Ja, zwölf Brötchen, bitte.↘ • Salat mit Öl?↗ – Mit Zitrone und Öl.↘

dreiundfünfzig **53**

8 Matis Laden

🔊 1.45

a Was kauft Frau Beimer? Hören Sie und kreuzen Sie an.

b Hören Sie noch einmal und ordnen Sie die Preise den Lebensmitteln zu.

c Was ist das Problem?

Sie kauft	Das kostet	Problem: Sie bekommt
☐ Butter	2 € 50 ct	☐ keine Tomaten.
☐ Eier	3 €	☐ zu viel Geld zurück.
☐ Käse	1 € 70 ct	☐ keine Mangos.
☒ Tomaten	1 € 50 ct	☐ zu wenig Geld zurück.
☐ Mangos	2 € 20 ct	

9 Einkaufsdialoge
Spielen Sie im Kurs.

Kunde/Kundin

Ich möchte …
Ich hätte gern …
Geben Sie mir bitte …
Haben Sie … da?

Ich nehme 100 Gramm …

Ja, ich brauche noch …
Nein, danke, nichts mehr.
Ja, das ist alles. / Ja, danke.
Nein, ich brauche noch …
Bitte noch …

Danke schön.
Auf Wiedersehen.

Verkäufer/Verkäuferin

Sie wünschen?
Ja, bitte?
Wer kommt dran?

Wie viel?
In Scheiben oder am Stück?

Noch etwas?
Ist das alles?

… Euro zusammen.
Und … zurück.

Danke schön.
Auf Wiedersehen.

 Projekt: Öffnungszeiten in Ihrer Region
Machen Sie ein Informationsplakat.

Metzgerei (Fleischerei), Bäckerei, Supermärkte, Kaufhäuser, Kioske, Tankstellen, Wochenmärkte, Ämter …

5

10 Was kochen wir?

⊙ 1.46 **a** Das Menü – Hören Sie und notieren Sie das Menü.

Das Menü
Vorspeisen
S_____
S_____

Hauptspeise
P_____

Nachtisch
O_____

⊙ 1.47 **b** Die Zubereitung – Hören Sie. Was fehlt?

11 Nomen: Akkusativ

a Markieren Sie die Verben und die Artikel im Dialog.

○ Ich (mache) den Salat und eine Soße mit Olivenöl, Zitronensaft und Knoblauch.
● Ich koche dann die Gemüsesuppe. Haben wir alles?
○ Wir haben noch eine Tomate, eine Zwiebel, zwei Paprika und drei Kartoffeln. Aber keinen Brokkoli und keine Möhre.
● Macht nichts! Das reicht ja. Ich schneide das Gemüse.
○ Für die Pizza nehme ich ein Pfund Mehl, ein Päckchen Hefe, etwas Öl und Wasser.
● Sonst nichts?
○ Doch! Für den Belag brauche ich eine Dose Tomaten, sechs Scheiben Salami ...

b Sammeln Sie an der Tafel. Lesen Sie die Sätze laut.

	Maskulinum (der)	Neutrum (das)	Femininum (die)
Ich mache	den Salat		eine Soße
Ich koche			
Wir haben			
Ich schneide			
Ich brauche			
Ich nehme			

c Nominativ – Akkusativ: Was ist anders?

12 Ein Essen planen: einkaufen, kochen

a Schreiben Sie Sätze.

suchen (A) • machen (A) • haben (A) • schneiden (A) • brauchen (A) • nehmen (A) • essen (A) • holen (A) • kaufen (A) • finden (A) • möchten (A)

Ich mache eine Pizza.
Wir haben keine Tomaten.

b Sprechen Sie im Kurs.

(Ich kaufe …) (Ich schneide …) (Ich koche …) (Ich mache …)

Deutsch verstehen

Kartoffel-Zucchini-Auflauf

Zutaten für 4 Personen

 750 g Kartoffeln

400 g Zucchini

 1 Zwiebel

1 Apfel

 4 Eier

200 g süße Sahne

 3 EL Butter

 Salz, Pfeffer

 Muskatnuss

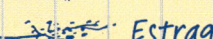 Estragon

Vorbereitung

- Zwiebel schälen, schneiden und anbraten. Dann in eine Auflaufform füllen.

- Kartoffeln waschen, schälen, in dünne Scheiben schneiden.

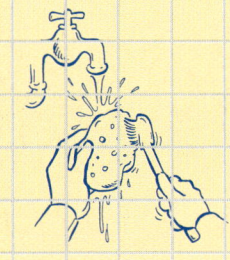 

- Zucchini in dünne Scheiben schneiden.

- Apfel schälen und in Scheiben schneiden.

Zubereitung

- Die Kartoffel-, Zucchini- und Apfelscheiben in die Auflaufform legen.

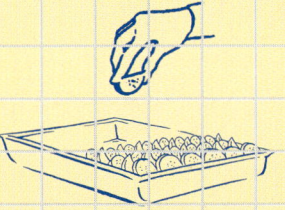

- Den Backofen auf 200 °C vorheizen.

- Die Eier und die Sahne verrühren, mit Salz, Pfeffer und Muskatnuss würzen.

- Estragon in feine Streifen schneiden und mit der Eiersahne verrühren.

- Das Ganze gleichmäßig über die Gemüse- und Apfelscheiben gießen.

- Auflaufform mit Deckel für ca. 20 Minuten in den Backofen stellen (mittlere Schiene).

- Danach Deckel wegnehmen. Nach ca. 30 Minuten ist der Auflauf fertig.

13 Ein Kochrezept
   a Vier Fotos passen zum Rezept. Welche?
   b Bringen Sie die passenden Fotos
     in die richtige Reihenfolge.

   Reihenfolge der Fotos: ☐ ☐ ☐ ☐

14 Omas Tipps
○ 1.48 Welche Tipps bekommt Felix?
   Hören Sie und kreuzen Sie an.
   Richtig oder falsch?

	R	F
Für 7 Personen alle Zutaten x 2 nehmen.	☐	☐
Nina mag Zucchini.	☐	☐
Fisch oder Fleisch passen dazu.	☐	☐
Käse ist nicht so gut.	☐	☐

Projekt
Bringen Sie Rezepte mit. Finden Sie gemeinsam die deutschen Wörter. Machen Sie ein Rezeptheft im Kurs.

  TIPP Suchwörter: kochen international, deutsch kochen, Chefkoch, Kochstudio

Auf einen Blick

Im Alltag

1 Ich hätte gern …

Verkäufer/in

Guten Tag.
Sie wünschen?
Was hätten Sie gern?
Wer ist der Nächste, bitte? / Wer ist dran?

Darf es noch etwas sein? / Noch etwas?
Wie viel?

In Scheiben oder
am Stück?

Darf es ein bisschen mehr sein?
War's das? / Ist das alles?

Das macht 25 Euro zusammen.

Nein, nur EC-Karte.

Kunde/Kundin

Guten Tag.
Ich hätte gern … / Geben Sie mir bitte …
Haben Sie (auch) …?
Was kostet …?
Was ist heute im Angebot?

Ja, ich brauche noch … / Geben Sie mir noch …
100 g / 1 kg / 1 Glas … bitte!

In Scheiben.
Am Stück, bitte.

Ja, ist o. k. / Nein, bitte nur …
Ja, das war's. / Nein, ich brauche noch …

Nehmen Sie Kreditkarte?

Eine Tüte, bitte.

2 Wo …?

Wo finde ich …?
Wo haben Sie …?

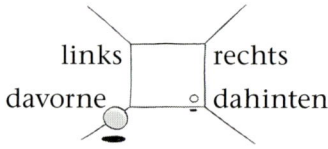

3 Was kochen wir?

Ich mache den Salat.
Ich koche die Gemüsesuppe.
Ich schneide das Gemüse.
Ich nehme ein Pfund Mehl,
  etwas Öl und Wasser.
Ich brauche noch Tomaten und Salami.

Im Alltag
EXTRA
▶ S. 126

58 *achtundfünfzig*

Grammatik

1 Verbformen: *mögen, nehmen, lesen* (▶ S. 25)

Infinitiv	mögen	nehmen	essen	lesen
ich	**mag**	nehm-e	ess-e	les-e
du	**mag**-st	n**imm**-st	**iss-t**	**lies-t**
er/es/sie	**mag**	n**imm**-t	**iss-t**	**lies**-t
wir	mög-en	nehm-en	ess-en	les-en
ihr	mög-t	nehm-t	ess-t	les-t
sie/Sie	mög-en	nehm-en	ess-en	les-en

2 Verben mit Akkusativ

Ich **nehme ein**en Salat, **ein** Ei und **eine** Tomate. Ich brauche **keine** Zwiebeln.
Ich **mag kein**en Salat, **keine** Eier und **keine** Tomaten. Ich esse gerne Äpfel.
Verben mit Akkusativ in *Berliner Platz 1* siehe Seite 134.

TIPP Verben immer so lernen:

schneiden (A)
Ich schneide den/einen Apfel.

3 Artikel und Nomen: Akkusativformen

	Maskulinum (der)	Neutrum (das)	Femininum (die)	Plural (die)
Ich mag	d**en** Apfel	das Brot	die Tomate	die Äpfel/Brote …
	ein**en** Apfel	ein Brot	eine Tomate	– Äpfel/Brote
	kein**en** Apfel	kein Brot	keine Tomate	keine Äpfel/Brote

TIPP Den Akkusativ einfach lernen – Maskulinum Singular *-en*.

4 Nomen: Plural

¨–/–	¨-e/-e	¨-er/-er
der Apfel – die Äpfel	die Wurst – die Würste	das Glas – die Gläser
der Computer – die Computer		

-n/-en	-s	
die Tomate – die Tomaten	das Kilo – die Kilos	
die Frau – die Frauen	der Park – die Parks	

TIPP Nomen immer mit Artikel und Plural lernen.

die Tomate, –n
Ich esse gern Tomaten

Aussprache

ü- und ö-Laute

[i] + 👄 → [ü]   Bitte, üben Sie! Natürlich. Fünf Minuten.

[e] + 👄 → [ö]   Was möchten Sie? Zehn Brötchen.

TIPP [ü] und [ö] sind Laute mit Kuss 👄.

neunundfünfzig

6 Familienleben

Nikola Lainović, 40
Wir sind hier gerade beim Abendessen. Meine Frau ist nicht da. Sie arbeitet von 17 bis 21 Uhr. Um acht Uhr bringe ich unseren Sohn und unsere Tochter ins Bett. Sie sind vier und sieben Jahre alt. Meine Tochter ist in der Grundschule, in der zweiten Klasse. Mein Sohn ist im Kindergarten.

Lernziele
- über die Familie sprechen
- das Datum sagen und schreiben
- über Geburtstage sprechen
- über Vergangenes sprechen

Sania Kelec, 34
Am Sonntag machen wir oft Picknick. Mein Mann, ich, unsere Kinder, ihre Freunde und unsere Oma. Wir nehmen Essen und Trinken mit. Die Erwachsenen reden und die Kinder spielen. Mein Sohn ist 13. Er findet Picknick langweilig.

Lore Bertuch, 86
Wir sind eine Wohngemeinschaft. Wir sind zwischen 71 und 89 Jahre alt. Meine beste Freundin und ihr Ehemann leben auch hier. Wir sind acht Personen. Zwei Ehepaare und vier Alleinstehende. Manchmal machen wir zusammen einen Ausflug.

6

Regine Kant, 43
Ich bin seit drei Jahren getrennt.
Ich erziehe meinen Sohn allein.
Tobi ist sechs und geht in die
erste Klasse. Manchmal ist es schwer. Ich
arbeite von 9 bis 16 Uhr. Danach kaufe ich
ein und mache den Haushalt. Tobi macht
seine Hausaufgaben fast immer allein.
In der Klasse von Tobi sind viele Kinder von
Alleinerziehenden.

Tim Kohl, 27
Das ist der achtzigste Geburtstag von
Oma. Auf dem Bild kann man nicht alle
sehen, aber alle ihre Kinder sind da. Mein
Onkel und sein kleiner Sohn, meine Tante
und ihre Tochter, meine Eltern
und meine Geschwister. Meine
Schwester und meine Eltern sieht
man nicht auf dem Foto und
mein Bruder steht ganz links.

1 Familienfotos

1.49 a Lesen Sie. Hören Sie dann zu. Zu welchen Fotos passen die Hörtexte 1–4?
b Thema „Familie" – Sammeln Sie Wörter an der Tafel.

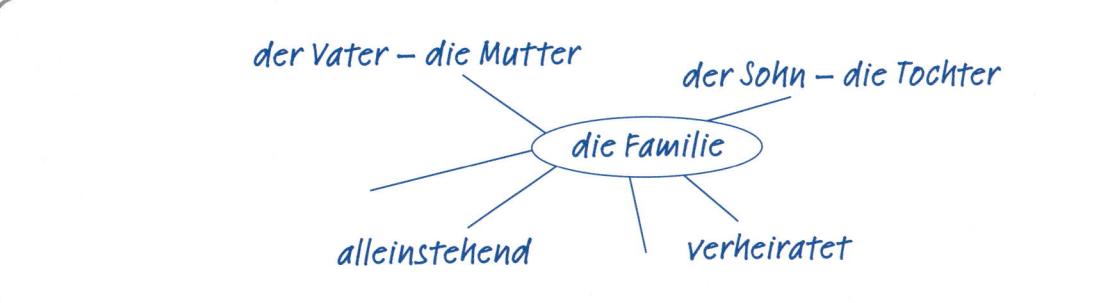

2 Wie groß ist Ihre Familie?

a Lesen Sie die Fragen 1–7 und hören Sie die Antworten A–G. Was passt zusammen?

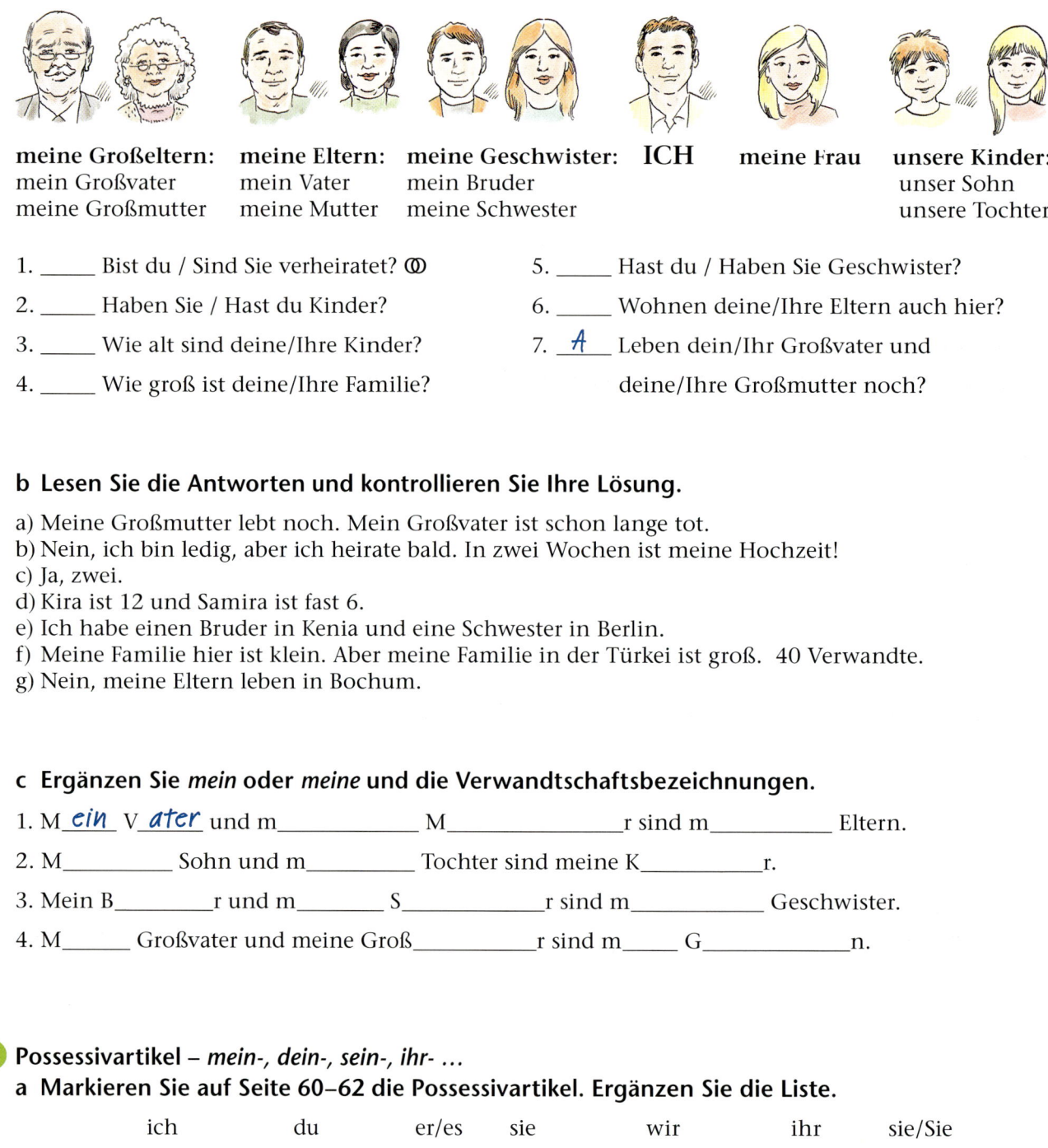

meine Großeltern: mein Großvater / meine Großmutter
meine Eltern: mein Vater / meine Mutter
meine Geschwister: mein Bruder / meine Schwester
ICH
meine Frau
unsere Kinder: unser Sohn / unsere Tochter

1. _____ Bist du / Sind Sie verheiratet? ⚭
2. _____ Haben Sie / Hast du Kinder?
3. _____ Wie alt sind deine/Ihre Kinder?
4. _____ Wie groß ist deine/Ihre Familie?
5. _____ Hast du / Haben Sie Geschwister?
6. _____ Wohnen deine/Ihre Eltern auch hier?
7. _A_ Leben dein/Ihr Großvater und deine/Ihre Großmutter noch?

b Lesen Sie die Antworten und kontrollieren Sie Ihre Lösung.

a) Meine Großmutter lebt noch. Mein Großvater ist schon lange tot.
b) Nein, ich bin ledig, aber ich heirate bald. In zwei Wochen ist meine Hochzeit!
c) Ja, zwei.
d) Kira ist 12 und Samira ist fast 6.
e) Ich habe einen Bruder in Kenia und eine Schwester in Berlin.
f) Meine Familie hier ist klein. Aber meine Familie in der Türkei ist groß. 40 Verwandte.
g) Nein, meine Eltern leben in Bochum.

c Ergänzen Sie *mein* oder *meine* und die Verwandtschaftsbezeichnungen.

1. M_ein_ V_ater_ und m_____ M_____r sind m_____ Eltern.
2. M_____ Sohn und m_____ Tochter sind meine K_____r.
3. Mein B_____r und m_____ S_____r sind m_____ Geschwister.
4. M_____ Großvater und meine Groß_____r sind m_____ G_____n.

3 Possessivartikel – mein-, dein-, sein-, ihr- …

a Markieren Sie auf Seite 60–62 die Possessivartikel. Ergänzen Sie die Liste.

	ich	du	er/es	sie	wir	ihr	sie/Sie
Singular	_____(e)	dein(e)	sein(e)	_____(e)	_____(e)	euer/eure	ihr(e)/_____
Plural	_____	_____	seine	ihre	_____	eure	ihre/_____

⚠ Akkusativ Maskulinum Singular wie bei *ein/kein*: + *en*. Er besucht sein**en** Vater am Wochenende.

b Ersetzen Sie die markierten Wörter durch *sein/e, ihr/e, unser/e*.

1. Georg ist gut in der Schule. Er macht die Hausaufgaben allein.
2. Maria mag Deutsch. Marias Deutschlehrer ist sehr gut.
3. Wir machen die Salate und die Männer grillen.
4. Tim lebt in Bonn und Tims Vater in Berlin.
5. Sibylle studiert in Köln. Sibylles Eltern leben in Frankfurt.
6. Igor ist Kanadier. Igors Großvater kommt aus Russland.
7. Wo wohnst du und wo wohnt der Bruder?
8. Mein Bruder und ich besuchen den Vater jeden Monat ein Mal. Er lebt allein.

1. Er macht seine Hausaufgaben allein.

4 Interviews im Kurs
a Schreiben Sie Ihren Familienstammbaum wie im Beispiel.

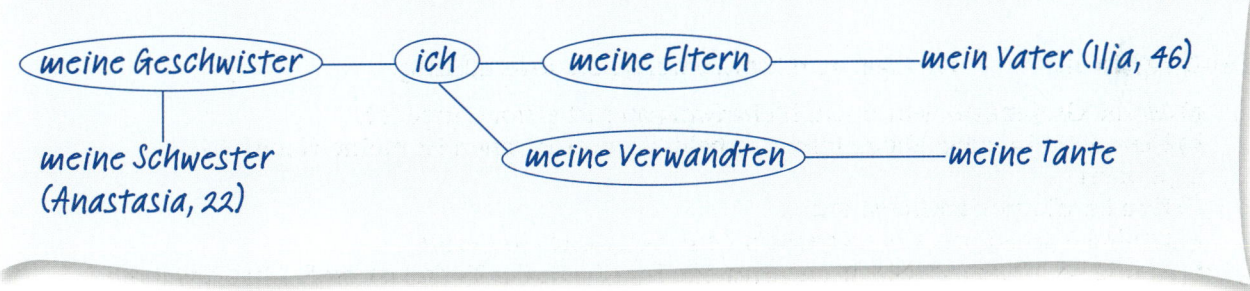

b Nehmen Sie Fragen aus Aufgabe 2. Fragen Sie im Kurs. Berichten Sie.

5 Aussprache: *-er(n)* und *ver-*

○ 1.51 **Hören Sie und sprechen Sie nach.**

meine Mutter • mein Vater • meine Geschwister • unser Bruder • meine Eltern • meine Tochter •
meine Kinder • euer Sohn • hier ist meine Schwester • meine Verwandten • verheiratet

Das ist meine Mutter und hier sind meine Geschwister. Das sind meine Eltern.
Ich habe zwei Brüder und eine Schwester. Meine Kinder sind verheiratet.

6 Geburtstage im Kurs

a Wiederholen Sie die Zahlen im Kurs.

Eins *Zwei*

b Lesen Sie die Beispiele und die Tabelle. Markieren Sie die Endungen. 1.–19., 20., 21. … Was ist anders?

- Wann bist du geboren?
- Am 1.2.1988.

Am ersten Zweiten neunzehnhundertachtundachtzig

- Wann hast du Geburtstag?
- Am 24.8.

Am vierundzwanzigsten Achten.

Am	ersten	Am	achten	Am	zwanzigsten
	zweiten		neunten		einundzwanzigsten
	dritten		zehnten		…
	vierten		elften		dreißigsten
	fünften		zwölften		einunddreißigsten
	sechsten		dreizehnten		
	siebten		…		

c Fragen Sie im Kurs und machen Sie eine Geburtstagsliste.

- Wann hast du Geburtstag?
- Am 25. März.
- Im Frühling.
- Nein, da ist in Südafrika Herbst.
- Wann bist du geboren?
- 1982.

7 Bens Geburtstag

○ 1.52 **a** Anrufbeantworter (AB) – Lesen Sie die SMS und hören Sie zu. Was passt zusammen?

SMS 1 – AB ☐   SMS 2 – AB ☐   SMS 3 – AB ☐

SMS 1:
Hi, ihr Alle!
Ich habe Geburtstag.
!30! :(:)))
Donnerstag 23.3.
Das Fest ist am 25.3.
20 Uhr – Kommt alle!
Ben

SMS 2:
Hi Ben!
Danke für die Einladung.
Ich kann nicht.
Bin in Frankreich. Arbeit!
Bin erst Ende April zu Hause. Schade! Geschenk kommt! Schönes Fest!
Sigrid

SMS 3:
Hi, Kati!
Ben hat Geburtstag.
Hast du ein Geschenk?
Ruf mich an.
Anne

64 vierundsechzig

b Hören Sie den Anrufbeantworter noch einmal. Was ist richtig? Kreuzen Sie an.

AB 1
☐ Sigrid kommt doch.
☐ Sigrid gratuliert Ben.

AB 2
☐ Max kommt nicht.
☐ Max kommt später.

AB 3
☐ Kati hat ein Geschenk.
☐ Kati bringt Kuchen.

c Schreiben Sie SMS-Einladungen. Tauschen Sie im Kurs und schreiben Sie SMS-Antworten.

◉ 1.53 **d Glückwünsche – Hören Sie und ordnen Sie dann 1–4 und a–d zu.**

1. Herzlichen Glückwunsch
2. Alles Gute und
3. Vielen Dank für
4. Vielen Dank für das

☐ a) Ihre Glückwünsche.
☐ b) zum Geburtstag!
☐ c) Geschenk.
☐ d) Liebe zum Geburtstag!

8 Danke sagen – Bens E-Mail

a Lesen Sie – Was sagt Ben: zum Cognac, zum Fest, zum Essen, zum Käsekuchen?

```
Von: BenBroder@freenex.de
An: Sigrid.Honnen@wapnet.com

Liebe Sigrid,
vielen Dank für deine Glückwünsche und dein Geschenk. Der Cognac ist super!
Mein Fest war sehr schön, aber du warst leider nicht da. Schade! Ich hatte viel Spaß.
Alle Freunde waren da und meine Eltern und Geschwister auch. Das Essen war toll.
Wir hatten viele Salate und einen super Käsekuchen
von Kati. Wir waren bis drei Uhr zusammen!

Liebe Grüße,
Ben
```

Cognac – super, Fest – ...

b Markieren Sie die Vergangenheitsformen von *sein* und *haben* im Text. Machen Sie eine Tabelle.

Infinitiv	sein	haben
ich	war	hatte
du	warst	hattest

c Schreiben Sie die Sätze 1–8 in der Vergangenheit.

1. Ich *habe* Geburtstag.
2. Wir *sind* zu Hause.
3. Meine Freundin *hat* keine Zeit.
4. Sie *ist* in Frankreich.
5. *Habt* ihr Musik?
6. Wir *haben* Live-Musik.
7. Das Fest *ist* schön.
8. *Seid* ihr auch da?

Ich hatte Geburtstag.

d Schreiben Sie vier Sätze im Präsens. Tauschen Sie im Kurs. Schreiben Sie die Sätze im Präteritum.

Ich habe keine Zeit. *Ich hatte keine Zeit.*

Deutsch verstehen

9 Geburtstage in Deutschland

*Wir glauben es nicht.
Ist es denn wahr?
Der Theo wird heute 60 Jahr'.
Er sieht noch aus wie dreißig
Und arbeitet noch fleißig.
Alles Gute und weiter viel Spaß!
Deine Familie und Deine Freunde
wünschen dir das!*

Der Geburtstag ist in Deutschland ein wichtiger Tag. Man feiert mit der Familie und mit Freunden.

1. Für Jugendliche ist der sechzehnte und der achtzehnte Geburtstag sehr wichtig. Ab 16 darf man in bestimmte Restaurants auch allein gehen und man kann den Mopedführerschein machen. Mit 18 ist man erwachsen, darf z. B. den Autoführerschein machen, wählen und Entschuldigungen für die Schule selbst unterschreiben.

2. Erwachsene feiern besonders die runden Geburtstage 30, 40, 50 …

3. Man feiert meistens zu Hause, manchmal auch im Restaurant. Erwachsene feiern meistens am Abend. Man isst und trinkt, manchmal gibt es auch Musik zum Tanzen. Alte Leute feiern oft mit Mittagessen und Geburtstagskaffee am Nachmittag.

4. Zum Geburtstag gehört die Geburtstagstorte mit den Geburtstagskerzen. Das Geburtstagskind (Am Geburtstag ist man auch mit 80 Jahren noch „Geburtstagskind".) bläst die Kerzen aus. Das bringt Glück für das neue Lebensjahr.

5. In der Zeitung findet man oft Geburtstagsanzeigen. Die Familie oder die Freunde gratulieren mit diesen Anzeigen zu runden Geburtstagen.

6. Zum Kindergeburtstag lädt man auch Verwandte ein: Oma und Opa, Tante und Onkel … Das Kind lädt seine Freunde und Freundinnen ein. Die Gäste bringen Geschenke mit. Das Geschenk muss nicht groß sein.

7. Kindergeburtstage sind am Nachmittag. Es gibt Kaffee und Kuchen für die Erwachsenen, Kuchen und Saft für die Kinder. Die Gäste kommen um drei Uhr und um sieben oder acht Uhr ist das Fest zu Ende.

8. Oft organisieren die Eltern vom Geburtstagskind Spiele. Manchmal geht man auch zusammen weg, z. B. ins Schwimmbad, zum Eislaufen oder ins Kino.

a Sehen Sie die Bilder an. Was kennen Sie und was nicht?

b Markieren Sie mit R (richtig) oder F (falsch) oder 0 (nicht im Text).

1. ☐ Der Geburtstag ist wichtig.
2. ☐ Zum Geburtstag bekommt man Geschenke.
3. ☐ Die Geschenke sind meistens teuer.
4. ☐ Der 15. Geburtstag ist für Jugendliche sehr wichtig.
5. ☐ „Geburtstagskind" sagt man auch noch zu 40- oder 50-Jährigen.
6. ☐ Kindergeburtstage feiert man am Morgen.
7. ☐ Zum Kindergeburtstag kommen nur die Freunde.
8. ☐ Am Ende vom Kindergeburtstag gibt es Abendessen.

c Geburtstagswörter – Wie viele Kombinationen finden Sie im Text? Kennen Sie noch mehr?

das Kind		die Kinder
die Torte	GEBURTSTAG(S)	der Kaffee
das Geschenk		die Anzeige
die Kerze		der Kuchen

die Geburtstagstorte

Projekt: Geburtstag bei Ihnen.
Haben Sie Fotos? Wie feiert man bei Ihnen?

Der erste Geburtstag ist bei uns sehr wichtig.

Zum Geburtstag lädt man … ein.

Bei uns feiern viele an Neujahr Geburtstag.

Bei uns isst man … / trinkt man …

siebenundsechzig **67**

Auf einen Blick

Im Alltag

1 Die Familie vorstellen

Meine Familie ist groß/klein.
Mein Sohn ist achteinhalb Jahre alt.
Meine Tochter ist zwölf.

Wir sind fünf Kinder.
Jürgen ist unser zweiter Papa.
Seine erste Frau lebt in Berlin.

Ich habe einen Bruder und zwei Schwestern.
Mein Bruder lebt in Russland.
Meine Schwester wohnt in Berlin.

Bist du verheiratet?
Nein, ich bin nicht verheiratet.
Ich bin ledig/verheiratet/getrennt/geschieden.

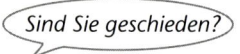

Sind Sie geschieden?

Darüber möchte ich nicht sprechen.

Das fragt man bei uns nicht.

TIPP Diese Fragen finden manche Menschen zu direkt: Wie alt sind Sie? Sind Sie verheiratet/geschieden …? Leben Sie allein? Haben Sie Kinder? Möchten Sie Kinder haben?

2 Datum

Wann bist du geboren?   Am 31. Oktober 1989.
Wann hast du Geburtstag?   Am 24.8. (vierundzwanzigsten Achten).
   Da ist in Tansania Winter.

3 Einladungen und Glückwünsche zum Geburtstag

Einladung
Liebe Freunde!
Ich habe am Samstag, dem 31.10. Geburtstag und möchte euch alle zu meiner Geburtstagsparty einladen.
Sie beginnt um 20 Uhr.
Bitte bringt etwas zum Essen mit: Salate, Nachtisch …
Ich freue mich auf euch

Robert

Herzlichen Glückwunsch zum Geburtstag.
Gesundheit und viel Erfolg.

Alles Gute und Liebe zum Geburtstag.

4 Danke sagen

Vielen Dank für deine Einladung.
Vielen Dank für euer Geschenk. Es ist toll.
Danke für Ihre Geburtstagskarte. Ich habe mich sehr gefreut!

Im Alltag
EXTRA
▶ S. 128

Grammatik

1 Possessivartikel: Formen

	der Bruder	**das** Kind	**die** Schwester	Plural: **die** Eltern
ich	mein Bruder	mein Kind	mein**e** Schwester	mein**e** Eltern
du	dein	dein	dein**e**	dein**e**
er	sein	sein	sein**e**	sein**e**
es	sein	sein	sein**e**	sein**e**
sie/Sie	ihr/Ihr	ihr/Ihr	ih**re**/Ih**re**	ih**re**/Ih**re**
wir	unser	unser	unser**e**	unser**e**
ihr	euer	euer	eu**re**	eu**re**
sie/Sie	ihr/Ihr	ihr/Ihr	ih**re**/Ih**re**	ihr/Ih**re**

⚠️
di**e** Schwester → ich mein**e** Schwester
der Bruder → du dein Bruder

2 Possessivartikel: Nominativ – Akkusativ

	Maskulinum	Neutrum	Femininum	Plural
Nominativ Das ist/sind …	… mein Bruder.	… mein Kind.	… meine Schwester.	… meine Eltern.
Akkusativ Ich besuche …	… mein**en** Bruder.	… mein Kind.	… meine Schwester.	… meine Eltern.

3 Ordinalzahlen und Datum

Am **ersten** Mai
zwei**ten**
dritten
vier**ten**
fünf**ten**
sechs**ten**
siebten

Am **achten** Oktober
neun**ten**
zehn**ten**
elf**ten**
zwölf**ten**
dreizehn**ten**
…

Am zwanzig**sten** April
einundzwanzig**sten**
…
dreißig**sten**
einunddreißig**sten**

4 Verben: Präteritum von *sein* und *haben*

	sein	haben
ich	war	hatte
du	warst	hattest
er/es/sie	war	hatte
wir	waren	hatten
ihr	wart	hattet
sie/Sie	waren	hatten

Diese Ausdrücke signalisieren „Vergangenheit":
gestern
vorgestern
letzten Montag/Mittwoch …
letzten Monat/März …
letzte Woche/Ferien

Aussprache

Sie sprechen kein „r". Sie sprechen (ein schwaches) „a".

am Wortende: -er(n):
die Elt**ern** • der Brud**er** • hi**er** • die Kind**er**

Vorsilbe: ver-
die **Ver**wandten • **ver**heiratet • **ver**kaufen

Raststätte

1 **Kopf oder Zahl**

Werfen Sie eine Münze.

Zahl? Gehen Sie 1 Schritt weiter und lösen Sie Aufgabe A oder B.

Kopf? Gehen Sie 2 Schritte weiter und lösen Sie Aufgabe A oder B.

Richtig? Sie bleiben auf dem Feld.

Falsch? Gehen Sie wieder zurück.

A — Start — **B**

1
- A: Buchstabieren Sie Ihren Namen.
- B: Nennen Sie Ihre Telefonnummer.

2
- A: Wie heißen die Artikel von: Liter • Glas • Dose?
- B: Nennen Sie je ein Nomen mit der, das und die.

3
- A: Antworten Sie.
  ● Hast du Geschwister?
  ○ …
- B: Wie heißt die Frage?
  ● …
  ○ Marie ist 10 Jahre und Kevin ist bald 6.

4
- A: Antworten Sie.
  ● Wie geht es Ihnen?
  ○ …
- B: Antworten Sie.
  ● Sind Sie Frau Kraus?
  ○ …

5
- A: Antworten Sie.
  ● Was trinkst du?
  ○ …
- B: Ist der Satz richtig oder falsch: Möchten Sie Tee?

6
- A: Zählen Sie rückwärts von 20 bis 10.
- B: Nennen Sie die Preise. € 1,20 • € 8,80 • € 0,60

7
- A: Nennen Sie Ihre Adresse mit Postleitzahl.
- B: Ihre Stadt: Nennen Sie die Postleitzahl und die Vorwahl.

8
- A: Wie heißt die Frage?
  ● …
  ○ Nein, meine Eltern wohnen in Stuttgart.
- B: Antworten Sie.
  ● Wann bist du geboren?
  ○ …

9
- A: Wie heißt das auf Deutsch?
- B: Wie heißt das auf Deutsch?

10
- A: Lesen Sie die Zahlen laut. 223 • 678 • 1245 • 3985
- B: Welche Zahl fehlt in der Reihe? 2500 • 5000 • ? • 10000

11
- A: Ergänzen Sie.
  ● Das ist … Waschmaschine.
  ○ Wie viel kostet … Waschmaschine?
- B: Ergänzen Sie.
  ● Das ist … Wörterbuch.
  ○ Wie viel kostet … Wörterbuch?

70 *siebzig*

Wie heißt die Frage? ● ... ○ Eine Digitalkamera.	**12**	Wie heißt die Frage? ● ... ○ 999 Euro.
Wie heißt das Gegenteil? neu – ... , billig – ...	**13**	Wie heißt das Gegenteil? Es funktioniert. – Es ist ...
Nennen Sie die Uhrzeiten.	**14**	Nennen Sie die Uhrzeiten.
Wie heißt die Frage? ● ... ○ Es ist Viertel vor neun.	**15**	Wann beginnt Ihr Deutschunterricht und wann ist er zu Ende?
Nennen Sie die Wochentage. MODIMIDOFRSASO	**16**	Wie heißt der Satz? Paul / aufstehen / um sechs Uhr.
Nennen Sie zwei Milchprodukte.	**17**	Nennen Sie zwei Obstsorten.
Wie kaufen Sie das? Milch – Liter • Bier – ... • Käse – ...	**18**	Wie kaufen Sie das? Milch – Liter • Bananen – ... • Marmelade – ...
Wie heißt die Pluralform? Nudel • Schnitzel • Birne	**19**	Wie heißt die Pluralform? Glas • Kartoffel • Ei
In der Bäckerei. Antworten Sie. ● Sie wünschen? ○ Ich hätte ...	**20**	Gemüse kaufen. Antworten Sie. ● Ja, bitte? ○ Geben Sie ...
Wie heißt die Frage? ● ...? ○ Am Freitag kann ich nicht.	**21**	Wie heißt die Frage? ● ...? ○ Gerne. Wann beginnt der Film?
Familie: Nennen Sie drei Verwandte.	**22**	Familie: Nennen Sie drei Verwandte.
Matis Laden. Was fragt Mati? (2 Beispiele)	**23**	Matis Laden. Was fragen Sie? (2 Beispiele)
Was essen Sie gerne? Ich mag ...	**24**	Was essen Sie nicht gerne? Ich mag kein/keine/keinen ...
Gratulieren Sie zum Geburtstag.	**25**	Danken Sie für das Geschenk.

Ziel

Raststätte

2 Wortfeld „Zeit"
Machen Sie ein Lernplakat im Kurs.

Wann stehst du auf? *Um sechs.* *Von wann bis wann …?*

Wortfeld „Zeit"

Die Uhr
Es ist Viertel nach sechs.
Es ist 18 …

Viertel vor

Fragen:
Wie viel Uhr ist es?
Wann beginnt …

Vier nach …

6–9 Uhr
der/am Morgen
morgens
Guten Morgen!

9–11 Uhr
der Vormittag

11–
der M…

aufstehen, duschen

3 Zehn Verben – viele Sätze

Spielregel:
- A sagt ein Wort, B notiert Sätze dazu (30 Sekunden). Pro Satz ein Punkt.
- Dann sagt B ein Wort und A notiert Sätze.

- Spielzeit: 10 Minuten.

- Die Kursleiterin / Der Kursleiter kontrolliert. Wer hat die meisten Punkte?

A	B
aufstehen	einkaufen
aufmachen	anfangen
zumachen	essen
frühstücken	duschen
kochen	mitkommen
einladen	verkaufen
aufwachen	kaufen
besuchen	brauchen
einschlafen	zahlen
beginnen	mitbringen

A *aufstehen*

B
Wann stehst du auf?
Ich stehe um 8 Uhr auf.

72 zweiundsiebzig

4 Essen in Deutschland
Raten Sie und schreiben Sie die Lebensmittel und Getränke in die Statistik.

① Brot und Brötchen
② Fleisch
③ Obst
④ Gemüse
⑤ Kartoffeln
⑥ Reis
⑦ Zucker

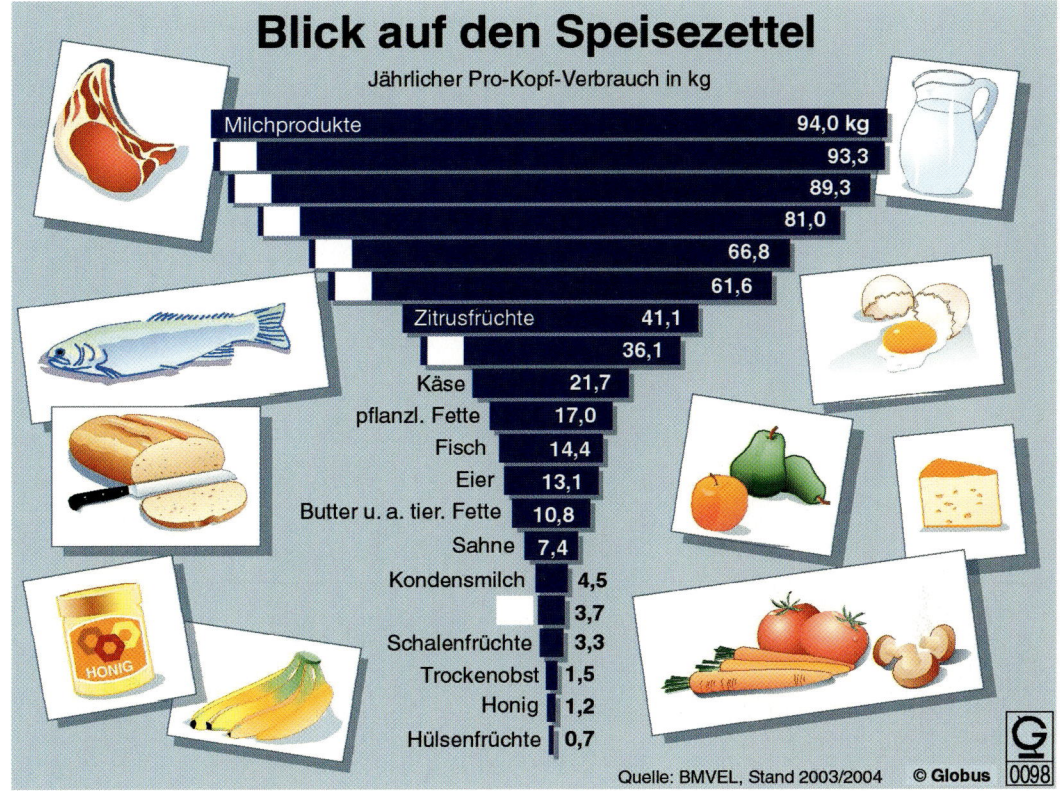

Effektiv lernen

Wortschatzkarten
Sehen Sie in der Wortliste nach. Schreiben Sie zehn Wortschatzkarten und üben Sie im Kurs.

Vorderseite (Deutsch) — Rückseite (Ihre Sprache)

Artikel — der Bruder
Wortakzent — die Brüder
Plural — Das ist mein Bruder.
Beispielsätze — Ich habe zwei Brüder.

So können Sie mit Wortschatzkarten lernen:

1. Laut lesen.
2. Vorderseite lesen: Wie heißt das Wort in Ihrer Sprache? Und der Beispielsatz?
3. Rückseite (Ihre Sprache) lesen: Wie heißen das Wort und der Beispielsatz auf Deutsch?
4. Karten immer mitnehmen: So können Sie beim Warten lernen (beim Arzt, im Bus …)
5. Karten im Kurs tauschen.
6. Mit einer Partnerin / einem Partner lernen.

Raststätte

Video

Teil 1
In dem Text sind drei Fehler: Korrigieren Sie mit dem Video.

Gasan ist um halb acht Uhr aufgewacht. Er hat heiß geduscht und ist dann mit dem Bus in die Arbeit gefahren. Er arbeitet jeden Tag von 10 bis 14 Uhr.

Teil 2
a Einkaufen – Welcher Einkaufszettel passt?

3 Salat 2 Gurken 2 kg Tomaten …	1 Salat Zwiebeln 1 Gurke Oliven …	Weißbrot 3 Salat 3 Gurken 3 kg Tomaten

b Geburtstagsgeschenke

1. Ein Kollege / Eine Kollegin hat Geburtstag. Was kann man mitbringen?
2. Was bringt der Mann zum Geburtstag mit?

Was kann ich schon?

Machen Sie die Aufgaben 1–6 und kontrollieren Sie im Kurs.

1. Uhrzeit – Fragen und antworten Sie.
   - Wie …?
   - Es ist …

2. Machen Sie eine Verabredung.
   - Hast du …?
   - Ja … / Nein …

3. Lebensmittel einkaufen – Fragen und antworten Sie.
   - Was … ?
   - Geben Sie …

4. Was kaufen Sie? Sprechen Sie.

   Steak (3)   *Drei Steaks.*

   Ei (6) • Nudeln (500 g) • Apfel (3 kg) • Brot (2)

5. Die Familie

   a Wie nennt man die Frauen?
   M..., T..., S..., G...

   b Wie nennt man die Männer?
   V..., S..., B..., G...

6. Das Datum – Beantworten Sie a–c.

   a) Wann hast du Geburtstag?
   b) Seit wann bist du im Sprachkurs?
   c) Der Wievielte ist heute?

Mein Ergebnis finde ich: ☺ 😐 ☹

Ich über mich

Stellen Sie Ihre Familie vor.

Mein Name ist …
Ich bin verheiratet / nicht verheiratet
… und/aber
… mein Mann/Freund /
… meine Frau/Freundin
Wir haben … Kinder.
Ich habe keine Kinder.
Meine Tochter heißt …
Sie ist … Jahre alt.
Mein Sohn …
Er/Sie hat am … Geburtstag …
Zum Geburtstag kommt/kommen …
Familie: die Großeltern
… die Eltern von meinem Mann /
meiner Frau
… meine/seine/ihre Schwester mit …

Ich heiße Wladimir und bin 21 Jahre alt. Ich bin nicht verheiratet, aber ich habe eine Freundin. Sie heißt Nadja. Ich habe eine Schwester. Sie ist 16 Jahre alt. Wir wohnen noch zu Hause bei unseren Eltern.
Am Wochenende kommt oft die ganze Familie: mein Onkel und meine Tante, meine Großeltern … Manchmal sind wir 20 Personen.

Hallo!

1 Die Kursliste

1.1 Wie? Woher? – Ergänzen Sie die Dialoge. Hören Sie zur Kontrolle. Lesen Sie laut.

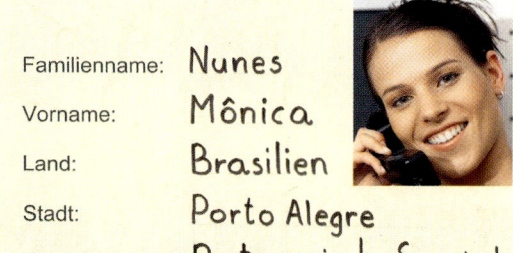

Familienname: Nunes
Vorname: Mônica
Land: Brasilien
Stadt: Porto Alegre
Sprachen: Portugiesisch, Spanisch

Dialog 1

● _Wie_____ heißen Sie?
○ Ich _____ Mônica Nunes.
● _____ kommen Sie?
○ Ich _____ aus Porto Allegre.

Dialog 2

● Hallo, ich _____ Noriko. Wie heißt du?
○ Naira.
● _____ kommst du, Naira?
○ Ich _____ aus Bolivien.
   Und _____ kommst du?
● _____ Japan.

1.2 Schreiben Sie die Wörter in das Formular.

~~Anrede~~ • Stadt • Land • Vorname • Familienname/Nachname

Anrede _____	Frau
_____	Yong-Min
_____	Kim
_____	Korea
_____	Seoul

2 *Sie* und *du*

Ergänzen Sie: *Sie, du, Frau*. Hören Sie zur Kontrolle. Lesen Sie laut.

Dialog 1

● Guten Tag. Mein Name ist Wohlfahrt.
   Wie heißen _____?
○ Guten Tag, _____ Wohlfahrt. Ich bin Carlos Sánchez.

Dialog 2

● Hallo, ich bin Carlos. Wie heißt _____?
○ Tag, Carlos. Ich bin Yong-Min.

3 Aussprache: Melodie und Akzent

○ 3.4   **3.1 Lesen und hören Sie.**
Kreuzen Sie an: ↘ oder ↗?

3.2 Hören Sie noch einmal und markieren Sie das Akzentwort wie im Beispiel.

	↘	↗
1. Wie <u>heißen</u> Sie?	☐	☒
2. Ich heiße Carlos.	☐	☐
3. Mein Name ist Carlos Sánchez.	☐	☐
4. Entschuldigung, wie heißen Sie?	☐	☐
5. Sánchez, Carlos Sánchez.	☐	☐
6. Woher kommen Sie?	☐	☐
7. Aus Valencia.	☐	☐
8. Wie bitte?	☐	☐
9. Aus Valencia in Spanien.	☐	☐

4 Sich vorstellen

○ 3.5   **Hören Sie. Was ist richtig: a oder b? Kreuzen Sie an.**

Dialog 1
☐ a Tag, Susi, ich bin Eva.
☐ b Guten Tag, Frau Susi.

Dialog 2
☐ a Hallo, ich bin Carlos.
☐ b Guten Tag, Herr Kraus.

Dialog 3
☐ a Hallo, ich bin Paul.
☐ b Und woher kommen Sie?

5 W-Fragen und Aussagesätze
Schreiben Sie die Sätze in die Tabelle.

~~Wie heißen~~ Sie? • ~~Mein Name~~ ist Olga Minakova. • Woher kommst du? • Ich heiße Paul. • Ich komme aus Russland. • Woher kommen Sie? • Ich bin aus Italien • Wie ist Ihr Name?

		Verb	
W-Fragen	*Wie*	*heißen*	
		◯	
		◯	
		◯	
Aussagesätze	*Mein Name*	◯	
		◯	
		◯	
		◯	

siebenundsiebzig 77

6 Steckbriefe

6.1 Hören Sie zu und kreuzen Sie an.

1. Peter ist
   - [x] der Familienname.
   - [ ] der Vorname.

2. Selma ist
   - [ ] der Vorname.
   - [ ] der Nachname.

3. Sie
   - [ ] kommt aus Italien.
   - [ ] wohnt in Italien.

4. Sie spricht
   - [ ] Deutsch und Italienisch.
   - [ ] Russisch und Portugiesisch.

6.2 Länder und Sprachen – Ergänzen Sie.

D _eutschland_   die _____   die U _____
D _eutsch_   T _____   U _____

S _____   R _____   K _____
S _____   R _____   K _____

6.3 Länder und Sprachen in Ihrem Kurs. Schreiben Sie.

_____
_____
_____
_____

7 Deutschkurs A1

7.1 Hören Sie zu und ergänzen Sie den Dialog. Lesen Sie den Dialog laut.

In • spricht • kommt • aus • ist • Wo

● Wer _____ das?↗
○ Das ist Mehmet Korkmaz.↘
● Woher _____ er?↗
○ Er kommt _____ Izmir.↘
● _____ liegt das?↗
○ _____ der Türkei.↘
    Mehmet _____ auch Persisch!↘

7.2 Diese Namen kennen Sie. Ergänzen Sie: *er* oder *sie*.

Olga _sie_ • Mehmet _____ • Carlos _____ • Yong-Min _____ • Sabine _____

Kasimir _____ • Mônica _____ • Michael _____ • Magdalena _____

Herr Sánchez _____ • Frau Wohlfahrt _____ • Herr Kraus _____ • Frau Weiß _____

8 Andere vorstellen

8.1 Verbformen – Ergänzen Sie die Tabelle.

	komm-en	heiß-en	sprech-en	sein
ich	komm-____	heiß-____	sprech-____	b____
du	komm-____	heiß-____	spr__ch-____	b____t
er/es/sie	komm-____	heiß-____	spr__ch-____	i____
Sie	komm-____	heiß-____	sprech-____	s____d

8.2 Schreiben Sie die Sätze mit der richtigen Verbform. (SS = ß)

1. WOHNEN / WO / DU / ?   _Wo wohnst du?_
2. ICH / DEUTSCHLAND / IN / WOHNEN /. _____
3. KIM / FRAU / KOREANISCH / SPRECHEN / . _____
4. KOMMEN / WOHER / KORKMAZ / HERR / ? _____
5. AUS / ER / IZMIR / KOMMEN / . _____
6. SIE / HEISSEN / WIE / ? _____
7. HEISSEN / LASARENKO / KASIMIR / ICH / . _____
8. SPRECHEN / PERSISCH / WER / ? _____

8.3 Schreiben Sie wie im Beispiel.

1. Olga Minakova — _Das ist Olga Minakova. Sie kommt aus Russland. Sie spricht Russisch und Englisch._
2. Mehmet Korkmaz _____
3. Carlos Sánchez _____
4. Kasimir Lasarenko _____
5. Frau Wohlfahrt _____

8.4 Mein Kurs – Stellen Sie 2 Personen vor.

Das ist ... Sie kommt aus ... Sie spricht ...

9 Buchstabieren

◉ 3.8 Was hören Sie: a oder b? Kreuzen Sie an.

1. ☐ Müller 2. ☐ Mayer 3. ☐ Schulze 4. ☐ Schmitt
   ☐ Muhler   ☐ Maier   ☐ Schulten   ☐ Schmidt

10 Namen im Kurs
Wie viele Namen in Ihrem Kurs passen zu diesen Buchstaben? Schreiben Sie.

	L
	A
	S
	A
	R
	E
	N
	K
	O*lga*

Aussprache üben

1 Vokale
Hören Sie und sprechen Sie nach.

◉ 3.9 **1.1 Stadt und Land**

lang: B**a**sel   W**ie**n   J**e**na   R**o**m   B**u**dapest   Z**ü**rich   **Ö**sterreich
kurz: H**a**lle   F**i**nnland   L**e**ttland   B**o**nn   St**u**ttgart   M**ü**nchen   K**ö**ln

◉ 3.10 **1.2 Wörter und Sätze**

k**o**mmen • w**o**hnen • N**a**me • L**a**nd • St**a**dt • l**ie**gen • h**ö**ren • T**a**g • T**ü**rkisch • s**ie** spr**i**cht • Schw**e**den
G**u**ten T**a**g, m**ei**n N**a**me **i**st W**i**nter.↘ T**o**m W**i**nter.↘ **I**ch k**o**mme **au**s Schw**e**den.↘

2 ei, eu, au

◉ 3.11 Hören Sie und sprechen Sie nach.

„ai" „oi" „au"   h**ei**ßen • m**ei**n • n**ei**n • d**eu**tsch • Tim R**eu**ter • **au**s • Fr**au** • P**au**l
● Wie h**ei**ßen Sie?↗   ○ Tim R**eu**ter.↘   ● Und ich bin Fr**au** L**au**dis.↘

3 h

◉ 3.12 Hören Sie und sprechen Sie nach.

„h"   **H**allo • **h**eißen • wo**h**er • **H**err **H**ansen • **H**allo, ich **h**eiße **H**annes **H**ansen.↘

4 sch, st, sp

3.13 Hören Sie und sprechen Sie nach.

„sch"   Engli<u>sch</u> • Polni<u>sch</u> • Ent<u>sch</u>uldigung • Ich spreche <u>Deutsch</u> und <u>Englisch</u>.↘

„schp"   <u>Sp</u>anien • <u>sp</u>rechen • <u>Sp</u>rache • Er kommt aus <u>Sp</u>anien.↘

„scht"   <u>St</u>adt • buch<u>st</u>abieren • Wie <u>heißt</u> die <u>St</u>adt?↗ Bitte buch<u>st</u>a<u>bie</u>ren Sie.↘

5 s / ß

3.14 Hören Sie und sprechen Sie nach.

„s"   <u>S</u>ie • <u>s</u>ind • <u>S</u>abine • Pil<u>s</u>en
          ● Woher <u>kommen</u> Sie?↗
          ○ Aus <u>Pils</u>en.↘

„s/ß"   au<u>s</u> • du komm<u>st</u> • hei<u>ß</u>en • Ru<u>ss</u>land
          ● Woher <u>kommst</u> du?↗
          ○ Aus <u>Russ</u>land.↘

6 Dialoge

3.15 Hören Sie und üben Sie die Dialoge.

Dialog 1
● Guten <u>Tag</u>.↘
○ Hallo, ich bin <u>Jana</u>.↘ Und wie heißt <u>du</u>?↗
● <u>Adam</u>.↘ Ich komme aus <u>Pilsen</u>.↘
○ Hallo, <u>Adam</u>.↘

Dialog 2
● Das ist mein <u>Deutschkurs</u>.↘
○ Wer ist <u>das</u>?↗
● Das ist <u>Birsen</u>.↘ Sie kommt aus <u>Ankara</u>.↘
○ Aha, das liegt in der Tür<u>kei</u>.↘

Effektiv lernen

Wörter in Sätzen lernen

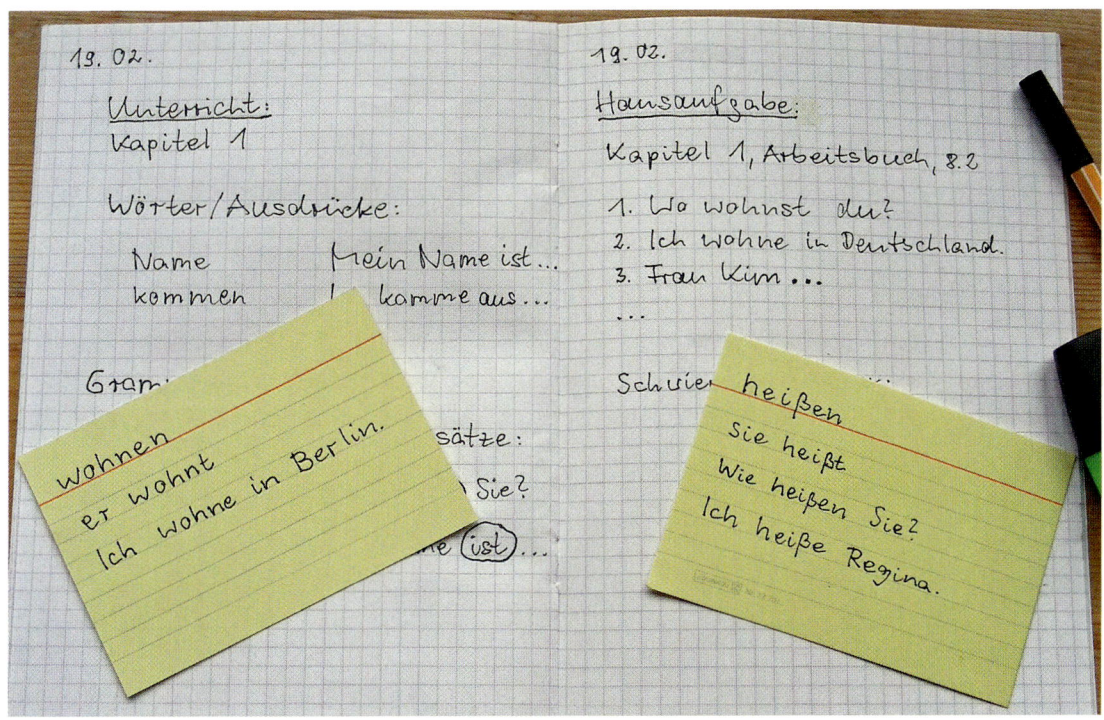

2 Wie geht's?

1 Guten Morgen, wie geht's?
Begrüßungen – Schreiben Sie die Sätze.

1. hallowiegeht's? _Hallo, wie geht's?_
2. dankesehrgutunddir? _____
3. gutenmorgenfrausans. _____
4. wiegehtesihnen? _____
5. nichtsogutundihnen? _____
6. gutentagherrkraus.wiegehtesihnen? _____

2 Wie geht's?
Ergänzen Sie den Dialog.

schwarz • viel • Milch • ~~Kaffee~~ • Zucker • ich

● Was trinkst du?
○ _Kaffee_.
● Nimmst du _____ und _____?
○ Nein, danke. Ich trinke Kaffee immer _____. Und du?
● _____ nehme _____ Milch.

3 Dialoge
Was passt? Ordnen Sie zu.

1. Hallo, wie geht's? ____ a) Nicht so gut.
2. Trinkst du Tee? ____ b) Kaffee.
3. Was trinkst du? ____ c) Nein, ich trinke Kaffee immer schwarz.
4. Guten Morgen, Herr Sánchez. ____ d) Guten Morgen, Frau Wohlfahrt.
5. Mit Milch? _1_ e) Danke, gut, und dir?
6. Hallo, wie geht es Ihnen? ____ f) Ja, mit viel Zucker.

4 Ja/Nein-Fragen und Antworten

4.1 Getränke – Schreiben Sie die Wörter zu den Bildern.

① _der_ _____ ② _____ ③ _____

④ _____ ⑤ _____

4.2 Schreiben Sie die Dialoge.

Dialog 1

Möchtest du etwas trinken?
Ja, Kaffee, bitte.
Hallo, wie geht's?
Gut.
Danke, gut, und dir?

Hallo, wie geht's?
_____
_____
_____
_____

Dialog 2

Ja. Was trinken Sie?
Tee, bitte.
Ich komme aus Russland.
Ja, ich bin Olga Minakova.
Guten Tag, sind Sie Frau Minakova?
Aus Moskau?
Woher kommen Sie?

_____
_____
_____
_____
_____
_____
_____

4.3 Dialoge – Ergänzen Sie.

Dialog 1
- Entschuldigung, ___sind___ Sie Frau Wohlfahrt?
- Nein, ich _____ Nunes, Mônica Nunes.

Dialog 2
- Ich _____ Kaffee. _____ du auch Kaffee?
- _____, lieber Apfelsaft.

Dialog 3
- _____, Kasimir. Wie geht es _____?
- Es _____.
- _____ du Kaffee?
- Ja gern, mit _____ und Zucker.

4.4 Ja/Nein-Fragen – Schreiben Sie die Fragen und Ihre Antworten.

1. kaffeesietrinken _Trinken Sie Kaffee? Ja, gerne. / Nein, lieber Tee._
2. inberlinsiewohnen _____
3. ausberlinkommensie _____
4. englischsprichstdu _____
5. möchtestorangensaftdu _____

3.16 **4.5 Aussprache: Melodie – Was hören Sie? Kreuzen Sie an.**

                                  ↘ ↗   ↘ ↗

1. Heißen Sie Schuhmann? ☐ ☒   4. Wo wohnt sie? ☐ ☐
2. Kommen Sie aus Lettland? ☐ ☐   5. In Moskau. ☐ ☐
3. Ich bin Sabine Wohlfahrt. ☐ ☐   6. Kommen Sie aus Spanien? ☐ ☐

3.17 **4.6 Hören Sie zu. Welche Antwort passt? Kreuzen Sie an.**

1. ⓐ Nein, ich komme aus St. Petersburg.
    ⓑ Ja, gerne.
2. ⓐ Michael Kukan, und Sie?
    ⓑ Michael, und du?
3. ⓐ Ich bin aus Russland.
    ⓑ Ich lerne Deutsch.
4. ⓐ Ich trinke Kaffee.
    ⓑ Nein, ich trinke Tee.
5. ⓐ Nein.
    ⓑ Ja, ich bin aus Kiew.
6. ⓐ Ich komme aus der Türkei.
    ⓑ In Berlin, und du?

5 In der Cafeteria

Welche Wörter schreibt man groß?

   H

● ~~h~~allo, ist hier frei?

○ ja klar. das sind beata und maria.

● hallo. ich heiße kasimir. seid ihr im deutschkurs b?

▲ nein, wir sind im kurs c.

● und was macht ihr in deutschland?

▲ deutsch lernen! wir sind au-pair-mädchen.

6 Verbformen und Personalpronomen

6.1 Ergänzen Sie die Personalpronomen.

1. Trinkst __du__ Kaffee mit Zucker?
2. Nehmt _____ Espresso oder Cappuccino?
3. Kommt _____ aus Polen?
4. Was machst _____ in Berlin?
5. _____ heißt Carlos Sánchez.
6. _____ möchten zwei Mineralwasser, bitte.

6.2 Schreiben Sie fünf Sätze. Achten Sie auf die Verbendungen. Kontrollieren Sie im Kurs.

was	lernen	aus Berlin/Warschau …
wo	möchten	Türkin/Russe …
woher	sein	Deutsch
ich/du/er/sie	sprechen	im Deutschkurs
Maria	trinken	in Hamburg/Deutschland
Frau Wohlfahrt	arbeiten	Kaffee mit Milch
Herr …	kommen	Lehrerin
wir/ihr/sie	wohnen	lieber Tee
		zu Hause

Was trinkst du?
Ich trinke Kaffee mit Milch.

7 Übungen selbst machen
Sammeln Sie Wörter.

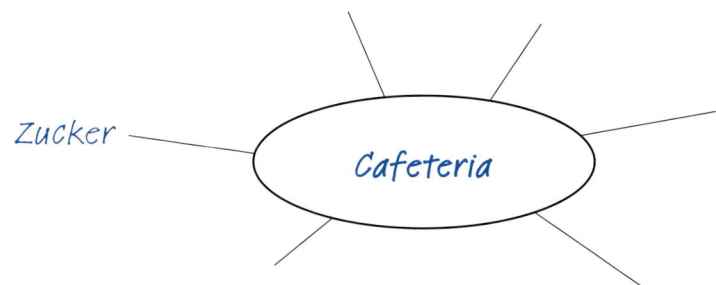

Zucker — Cafeteria

8 Null (0) bis zwölf (12)
Ergänzen Sie die Buchstaben und notieren Sie die Ziffern.

zw_ö_lf _12_   ___ns ☐   s___chs ☐   f___nf ☐

z___hn ☐   ___lf ☐   s___ben ☐   ___cht ☐

zw___ ☐   v___r ☐   dr___ ☐   n___n ☐

9 Telefonnummern und Adressen

3.18   Hören Sie die Dialoge. Notieren Sie die Telefonnummern und Hausnummern.

Vorwahlnummer	Telefonnummer	Hausnummer	
1. _030_	_____	Mozartstraße	____
2. _____	_____	Hegelstraße	____
3. _____	_____	Kaiserstraße	____

10 Zahlen von 13 bis 200

10.1 Zahlenrätsel – Wie geht die Reihe weiter? Schreiben Sie je drei Zahlen.

eins – drei – fünf – _____ – _____ – _____

neun – zehn – acht – neun – _sie_____ – _____ – _____ – _____

eins – vier – zwei – fünf – _dr_____ – _____ – _____ – _____

3.19   **10.2 Mathematik** – Hören Sie zu und notieren Sie.

3 mal 3 ist 9.

1. _5_ x 5 = _25_   4. 12 x ____ = ____
2. 8 x ____ = ____   5. ____ x 23 = ____
3. 7 x ____ = ____   6. 2 x ____ = ____

+ = plus, – = minus
x = mal, multipliziert mit

fünfundachtzig

11 An der Kasse
Schreiben Sie Dialoge.

Getränke			
Kaffee/Tee	1,60	Wasser	1,20
Espresso	1,20	Orangensaft	1,50
Cappuccino	1,80	Bionade	1,40
Milch	0,90	Bluna/Cola	1,30

- Zwei …, ein …, ein … macht … (Euro) … (Cent).
  ○ Entschuldigung,
- …
  ○ … Euro.
- … Euro/Cent zurück.
  ○ Danke. Auf Wiedersehen!
- Auf …

- Zwei Wasser, ein Kaffee, ein Tee macht 5,60.
  ○ Entschuldigung, wie viel?
-

Aussprache üben

1 ch, -ig
○ 3.20 **Hören Sie und sprechen Sie nach.**

„ch"   ich • möchten • nicht • zwanzig • sprechen • Ich möchte bitte Milch.↘

2 p, t, k am Wortanfang und Wortende
○ 3.21 **Hören Sie und sprechen Sie nach.**

„p"   Polen • Passau • Frau Jakob • Verb • Kommt Frau Jakob aus Passau?↗
„t"   Tee • trinken • Deutschland • und • Sie sind • Sind Sie aus Deutschland?↗
„k"   Kaffee • zurück • sie sagt • guten Tag • Sie sagt: Guten Tag, trinken Sie Kaffee?↗

3 Kleine Pausen im Satz
○ 3.22 **Hören Sie und sprechen Sie nach.**

1. Woher / kommen_Sie?↗
2. Ich_komme / aus_der_Türkei.↘
3. Ich_trinke / Tee_mit_Zucker.↘
4. Sind_Sie / Frau_Jakob?↗
5. Nein, / mein_Name / ist / Sabine_Wohlfahrt.↘

4 z
○ 3.23 **Hören Sie und sprechen Sie nach.**

„ts"   Zucker • Zahl • zwei • zehn • zwölf
Zwei plus (+) zehn mal (x) zwei minus (–) zehn minus (–) zwölf ist gleich (=) zwei.
Er kommt aus Zürich, aus der Schweiz.↘ Wie heißt die Postleitzahl?↗

5 **-r/-er am Wortende**

🔊 3.24　Hören Sie und sprechen Sie nach.

„a"　　Wass**er** • sup**er** • seh**r** • vie**r** • Zuck**er** • Telefonnumm**er** • Deutsch**er** • Peter ist Deutsch**er**. ↘

6 **Dialoge**
Üben Sie den Dialog.

Dialog 1

● Guten Morgen, wie geht's? ↗
○ Danke, sehr gut. ↘ Und dir? ↗
● Es geht. ↘ Möchtest du Kaffee? ↗
○ Ja, gerne. ↘ Mit viel Milch und Zucker. ↘

Dialog 2

● Hast du Telefon? ↗
○ Nein, nur ein Handy. ↘
● Wie ist deine Handynummer? ↗
○ 0 1 7 8 1 2 5 7 4 8 3 ↘

Schwierige Wörter

1 Hören Sie und sprechen Sie langsam nach. Wiederholen Sie die Übung.

🔊 3.25

Postleitzahl ↗	die Postleitzahl ↗	Wie heißt die Postleitzahl? ↗
Apfelsaft ↘	auch Apfelsaft ↘	Ich nehme auch Apfelsaft. ↘
zwanzig ↘	zweiundzwanzig ↘	Zwölf Euro zweiundzwanzig, bitte. ↘

2 Welche Wörter sind für Sie schwierig?
Schreiben Sie drei Lernkarten und üben Sie
mit einem Partner / einer Partnerin.

> Sekretariat
> das Sekretariat
> Wo ist das Sekretariat?

Effektiv lernen

Informationen sammeln und ordnen – Das Lernheft hilft.

Haben Sie Probleme mit „Zetteln"? Kaufen Sie ein „Lernheft" für Ihre Notizen im Unterricht und für die Hausaufgaben. So können Sie z. B. Informationen ordnen:

23.03.
Unterricht
Kapitel 2

Wörter/Ausdrücke:
Apfelsaft
Zitrone　　Tee mit Zitrone

Grammatik: Ja/Nein-Frage:
Er trinkt Tee.
Trinkt er Tee?

23.03.
Hausaufgaben
Kapitel 2, Arbeitsbuch, 6.2
1. Ich möchte Kaffee mit Milch.
2. Er spricht Deutsch.
3. ...
...

Schwierige Wörter:
Sekretärin
Cappuccino
...

Nicht vergessen:
Lernkarten für Wortschatz
schreiben.

3 Was kostet das?

1 Gegenstände

Wörterrätsel – Schreiben Sie die Wörter mit Artikel: *der, das, die*

KOCHER   DRUC   MP3-   BLEI   DY   ~~STUHL~~
PE   KER   BUCH   PLAYER   KAFFEE
EISEN   FERN   RE   SCHE   HAN   MASCHINE   LI
LAM   MASCHINE   WÖRTER   COM   WASSER   BÜGEL   WASCH
   ~~STIFT~~   KU   SEHER   PUTER

der Stuhl, der Bleistift _____
_____
_____
_____

2 Was kostet …?

⊙ 3.26   Ordnen Sie die Dialoge. Hören Sie zur Kontrolle.

Dialog 1
- [1] ● Ich möchte das Wörterbuch.
- [ ] ● Na, das da! Was kostet es?
- [ ] ● O. k.
- [ ] ○ Das Wörterbuch?
- [ ] ○ Nur drei Euro.

Dialog 2
- [ ] ● Der Herd kostet 140 Euro.
- [ ] ● Mhmm – o. k.
- [ ] ● Was? Er ist fast neu.
- [ ] ○ 120.
- [ ] ○ 140? Das ist sehr viel. 100 Euro?

3 Nomen und Artikel: *der/das/die*

⊙ 3.27   Wörterdiktat – Sie hören Nomen aus Kapitel 1 und 2. Schreiben Sie.

der Vorname, der …

4 Was kostet wie viel?

⊙ 3.28   **4.1** Hören Sie. Was kostet was?

Ⓐ der Herd   Ⓑ die Spülmaschine   Ⓒ die Waschmaschine

_____   _____   _____

4.2 Kreuzen Sie an. Was ist richtig?

1. Was kauft die Frau?
   ☐ Herd   ☐ Waschmaschine   ☐ Spülmaschine

2. Was zahlt sie?
   ☐ 220 €   ☐ 210 €   ☐ 200 €

5 Das ist ein/eine, kein/keine
Schreiben Sie wie im Beispiel.

1. MP3-Player / Handy / neu
   ● Ist das ein MP3-Player?
   ○ Nein, das ist kein MP3-Player. Das ist ein Handy. Das Handy ist neu.

2. Herd / Waschmaschine / kaputt
   ● _____
   ○ _____

3. Computer / Drucker / praktisch
   ● _____
   ○ _____

4. Heft / Buch / gut
   ● _____
   ○ _____

5. Bleistift / Kuli / billig
   ● _____
   ○ _____

6 Mein/e, dein/e …

6.1 Wo kommt ein -e? Ergänzen Sie die Artikel. Markieren Sie das -e am Ende.

d_er_ Kuli   e_____ Kuli   m_____ Kuli   d_____ Kuli

d___ Heft   e_____   _____   d_____

d_ie_ Schere   e_ine_____   _____   _____

6.2 Ergänzen Sie die Possessivartikel. Schreiben Sie die Dialoge.

Dialog 1
● Bleistift / Ist / das / d… / ?   Ist das dein Bleistift?
○ das / m… / ist / Bleistift / . / Ja,

Dialog 2
● Schere / Ist / d… / das / ?
○ ist / d… / Schere / das / . / Nein,

Dialog 3
● d… / das / Handy / Ist / ?
○ m… / ist / Ja, / das / Handy / .

Dialog 4
● m… / Ist / Tasche / das / ?
○ m… / Nein, / ist / das / Tasche / .

7 Ein Flohmarkt
Schreiben Sie die Dialoge. Haben Sie Probleme? Unten ↓ finden Sie Hilfe.

Dialog 1

- Herd / € ?
- 95 €
- sein / sehr alt
- super / funktionieren
- Waschmaschine / € ?
- 125 €
- ☺ / Waschmaschine + Herd / 170 €
- ☹ / 200 €
- 185 €
- ☺ / 185 €

● Was kostet der Herd?
○ _____
● _____
○ _____
● _____
○ _____
● O. k., die _____
○ _____
● _____
○ _____

Nein, 200 Euro. • Was kostet die Waschmaschine? • Er ist sehr alt. • 95 Euro. • Er funktioniert super. • 125 Euro. • 185 Euro. • O. k., die Waschmaschine und der Herd 170 Euro. • O. k., 185 Euro. • ~~Was kostet der Herd?~~

Dialog 2

- Lampe / €?
- 17 € / billig / sein /.
- sehr teuer / sein / zahlen / 10 €
- 15 € / Lampe / fast neu / sein
- zahlen / 12 €
- ☺

● Was kostet _____ ?
○ 17 Euro. Das _____
● _____ Ich _____
○ _____ Die _____
● Ich _____
○ _____

17 Euro. Das ist billig. • Das ist sehr teuer. Ich zahle 10 Euro • Ich zahle 12 Euro. • O. k. • Was kostet die Lampe? • 15 Euro. Die Lampe ist fast neu.

8 Artikel und Personalpronomen
Ergänzen Sie die Artikel und die Personalpronomen.

1. D**er** MP3-Player ist neu. **Er** ist teuer.
2. D____ Buch kostet 25 Euro. ____ ist sehr gut.
3. D____ Lampe ist super. Und ____ ist billig.
4. Ich mag dei____ Brille. ____ ist schön.
5. Dei____ Computer ist toll. Wie teuer ist ____?
6. Ist das dei____ Digitalkamera? ____ ist super.

9 Kaufen und verkaufen

9.1 Welche Wörter passen zusammen? Vergleichen Sie im Kurs.

alt • billig • modern • teuer • kaputt • funktioniert (nicht) • schön • neu • gebraucht • sehr alt

> modern/alt   alt/neu   sehr alt/neu

9.2 Was sagt der/die Verkäufer/in (V) und was der/die Käufer/in (K)? Ordnen Sie zu.

1. [V] Sie kostet 85 Euro.
2. [ ] Sie ist bestimmt kaputt.
3. [ ] Alles zusammen 125 Euro.
4. [ ] Das ist kein Handy, das ist eine Digitalkamera.
5. [ ] Das ist sehr teuer!
6. [ ] Sie funktioniert prima.
7. [ ] Funktioniert sie?
8. [ ] Für Sie nur 75 Euro.
9. [ ] Gut, die nehme ich.
10. [ ] Ich zahle 50 Euro.
11. [ ] Nur heute!
12. [ ] Sehr billig!
13. [ ] So viel?
14. [ ] Wie viel kostet das Handy?

9.3 Schreiben Sie einen Dialog mit Sätzen aus 9.2. Vergleichen Sie im Kurs.

> ● Wie viel kostet das Handy?
> ○ Das ist kein ...

10 Aussprache: lange und kurze Vokale

🔊 3.29 **10.1** Hören Sie und markieren Sie den Akzentvokal lang _ oder kurz •. Sprechen Sie.

1. K**a**ffee • T**ee** • S**a**ft • m**i**t • Z**u**cker • W**a**sser • Min**e**ralwasser • C**o**la • M**i**lch • tr**i**nken
2. B**a**sel • L**i**ssabon • Z**ü**rich • R**o**m • Berl**i**n • Par**i**s • M**o**skau • Pr**a**g • B**u**dapest • **O**slo
3. Portug**ie**sisch • Ital**ie**nisch • D**eu**tsch • R**u**ssisch • Tsch**e**chisch • **U**ngarisch • Norw**e**gisch

10.2 Vokale: lang und kurz – Schreiben Sie vier Wortpaare aus Aufgabe 10.1.

Vokal lang _	kurz •
Ba_sel	Ka_ffee
Pari_s	mi_t

Vokal lang _	kurz •

10.3 Schreiben Sie Sätze. Vergleichen Sie im Kurs.

> Er wohnt in Basel. Ich trinke gern Kaffee.

Aussprache üben

1 ch, f, w

🔊 3.30 Hören Sie und sprechen Sie nach.

„Ich"-Laut	„Ach"-Laut	„f"	„w"
ni**ch**t	Wasserko**ch**er	**v**ier	**w**ir
mö**ch**ten	brau**ch**en	fün**f**	**w**as
spre**ch**en	Bu**ch**	Beru**f**	**V**okal
Mil**ch**	Spra**ch**e	Ta**f**el	**W**asser

2 Vokalneueinsatz

🔊 3.31 Hören Sie und sprechen Sie nach.

Apfelsaft↘   ein|Apfelsaft↘   Hier ist ein|Apfelsaft!↘
Orange↘   ein|Orangensaft↘   Hier ist ein|Orangensaft!↘
Euro↘   zehn|Euro↘   Das kostet zehn|Euro!↘

3 Wortakzent: Komposita

🔊 3.32 Hören Sie und sprechen Sie nach.

1. der Kaffee   die Maschine   die Kaffeemaschine   3. der Kurs   das Buch   das Kursbuch
2. der Kaffee   die Kanne   die Kaffeekanne   4. das Wasser der Kocher   der Wasserkocher

4 Dialoge

🔊 3.33 Hören Sie und üben Sie die Dialoge.

Dialog 1
● Ich möchte das Wörterbuch.↘
○ Das Wörterbuch?↗
● Ja!↘ Das da!↘ Was kostet es?↗
○ Fünf Euro.↘

Dialog 2
● Der Fernseher kostet fünfundsiebzig Euro.↘
○ Fünfundsiebzig Euro?↗ Das ist sehr viel!↘
● Viel?↗ Der ist fast neu!↘
○ Ich zahle sechzig.↘

Effektiv lernen

Nomen mit Artikel lernen – Artikel-Bilder helfen. Machen Sie Ihr Artikel-Bild wie im Beispiel.

DER Tisch   **DAS** Bild   **DIE** Lampe

der Drucker   das Handy   die Kaffeekanne
der Kuli   das Bügeleisen   die CD
der Bildschirm   das Buch   die Schere
der Computer   das Heft   die Uhr

92   zweiundneunzig

Testtraining 1

Hören

Kreuzen Sie an: a, b oder c. Sie hören jeden Text **zweimal**.

Beispiel

0 Wo ist der Deutschkurs A1?

🔘 3.34

a in Raum 115   ☒ in Raum 15   c in Raum 51

1 Was trinkt Magdalena?

🔘 3.35

a Wasser   b Tee   c Kaffee

2 Was kosten der Saft und das Wasser?

🔘 3.36

a 3 €   b 2,70 €   c 0,30 €

Lesen

Lesen Sie die Texte und die Aufgaben. Kreuzen Sie an. Richtig oder Falsch?

Beispiel: Im Unterricht

0 Fatima spricht drei Sprachen.

Richtig   F̶a̶l̶s̶c̶h̶

Steckbrief
Familienname: Demirkan   Land: Türkei
Vorname: Fatima   Stadt: Ankara
Sprachen: Türkisch, Englisch

1 Adresse

Jutta Paal

Tietjenstraße 25
28359 Bremen
Telefon: 04 21/75 38 90

Frau Paal hat eine E-Mail-Adresse.

Richtig   Falsch

2 In der Cafeteria

Getränke			
Kaffee/Tee	1,60	Wasser	1,20
Espresso	1,20	Orangensaft	1,50
Cappuccino	1,80	Bionade	1,40
Milch	0,90	Bluna/Cola	1,30

In der Cafeteria gibt es Saft.

Richtig   Falsch

dreiundneunzig 93

4 Wie spät ist es?

1 Ein Tag
Im Text sind 11 Fehler (6 Verben, 5 Nomen). Korrigieren Sie.

frühstücken
Wir frühstückt am Morgen zusammen.

Um Viertel vor acht bringe ich meine tochter

Sofia zur kinderkrippe. Ich arbeiten zu Hause.

Ab zehn uhr sitzen ich am computer.

Wir esse um Viertel nach sieben zu Abend.

Meine frau kocht. Abends arbeitet ich oft

bis halb elf. Meine Frau spiele mit Sofia.

2 Wie spät ist es?
Schreiben Sie die Uhrzeit.

1. 7 Uhr 30 *Es ist halb acht.*
2. 9 Uhr 45 _____
3. 5 Uhr 15 _____
4. 10 Uhr 10 _____
5. 6 Uhr 30 _____
6. 12 Uhr   _____
7. 8 Uhr 15 _____
8. 7 Uhr 40 _____

3 Von morgens bis abends
3.1 Ordnen Sie zu.

einkaufen • zur Schule gehen • mit Lea spielen • Karten spielen • duschen • Zeitung lesen • Kaffee kochen • zur Arbeit gehen • ein Praktikum machen • fernsehen • Kaffee trinken • am Computer sitzen • ~~frühstücken~~

frühstücken

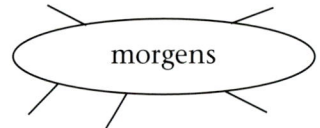  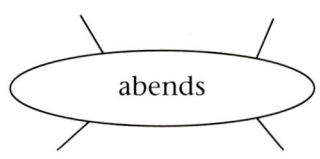

3.2 Wie viel Uhr ist es?

 1. Es ist Viertel __vor__ drei.

 2. Es ist fünf _____ halb drei.

 3. Es ist fünf _____ halb drei.

 4. Es ist _____ (Uhr).

 5. Es ist zehn _____ zwei.

 6. Es ist acht _____ zwei.

4

○ 3.37   **3.3 Uhrzeiten – Hören Sie und notieren Sie.**

1. _____   2. _____   3. _____

4. _____   5. _____   6. _____

4 Verbformen

4.1 Verben – Ergänzen Sie die Sätze.

anfangen • hören • nachsprechen • ~~kaufen~~ • machen • aufstehen • ~~einkaufen~~ • lesen • bringen

1. ● K <u>aufst</u> du bitte fürs Frühstück e <u>in</u>_____? ○ Ja, ich ____<u>kaufe</u>____ Brötchen.
2. ● Was m_____ Nina? ○ Sie liegt im Bett und l_____.
3. Das Abendessen b_____ heute der Pizza-Service.
4. _____ Sie den Dialog und _____ Sie _____.
5. ● Wann _____ du morgens _____? ○ Um sechs.
6. Die Schule _____ immer um acht Uhr _____.

4.2 Wiederholung: Konjugation – Schreiben Sie wie im Beispiel.

1. einkaufen (sie/du)   <u>sie kauft ein / sie kaufen ein / du kaufst ein</u>
2. essen (ich/du)   _____
3. frühstücken (wir/Sie)   _____
4. aufwachen (er/ihr)   _____
5. kosten (es/sie)   _____
6. aufstehen (ihr/sie)   _____
7. verkaufen (ich/ihr)   _____
8. sprechen (er/wir)   _____
9. lesen (du/ihr)   _____
10. telefonieren (er/wir)   _____
11. zeigen (ich/ihr)   _____
12. schlafen (du/ihr)   _____

fünfundneunzig 95

4.3 Diktat – Hören Sie und ergänzen Sie.

Um Viertel nach sechs klingelt das Ha_n d y_. Herr Schild steht a_ _. Dann dus___ er, ko___ Kaffee u__ geht z__ Arbeit. Fr__ Schild sch____ bis um ac__ Uhr. Da__ duscht s__, frühstückt u__ liest d__ Zeitung. Um Vie_____ vor ne___ fährt Frau Schild ins Bü__. Sie ni___ immer d__ Fahrrad. He__ Schild arbeitet v__ acht b__ fünf. Da__ kauft er e__ und ge__ nach Ha___. Frau Schild ko___ um se___ nach Ha___. Dann gibt es Abendessen.

5 Aussprache: Wortakzent und Rhythmus

5.1 Akzent – Hören Sie und markieren Sie.

Kaffee	Telefon	anfangen	beginnen	am Mittag
lesen	mitlesen	kaufen	einkaufen	verkaufen
markieren ↘	Markieren Sie. ↘	Markieren Sie bitte. ↘		
entschuldigen ↘	Entschuldigen Sie. ↘	Entschuldigen Sie bitte. ↘		

5.2 Rhythmus und Akzent – Üben Sie wie im Beispiel.

Beispiel	klatschen	klatschen + sprechen	sprechen
einkaufen	• • •	• • • einkaufen	einkaufen
die Zeitung	• • •	• • • die Zeitung	die Zeitung
Er trinkt Kaffee.	• • • •	• • • • Er trinkt Kaffee.	Er trinkt Kaffee.

5.3 Üben Sie wie in 5.2.

1. beginnen ↘   Der Kurs beginnt. ↘   4. zur Arbeit ↘   Er geht zur Arbeit. ↘
2. sieben ↘   Es ist sieben Uhr. ↘   5. wie spät ↗   Wie spät ist es? ↗
3. Hausaufgaben ↘ Sie macht Hausaufgaben. ↘   6. nach Hause ↘   Er kommt nach Hause. ↘

6 Tages- und Uhrzeiten

6.1 Schreiben Sie Sätze.

Herr Lau / die Zeitung / am Morgen / lesen / .   *Herr Lau liest am Morgen die Zeitung.*
am Vormittag / am Computer / er / arbeiten / . _____
Pause / er / um halb elf / machen / . _____
er / mittags / gehen / in ein Restaurant /. _____
ins Büro / er / gehen / um 14 Uhr / . _____
arbeiten / abends / bis halb zehn / er / . _____

6.2 Wie spät ist es? – Schreiben Sie die Uhrzeiten wie im Beispiel.

	offizielle Uhrzeit	Alltagssprache
15.55	*fünfzehn Uhr fünfundfünfzig*	*fünf vor vier*
11.35		
13.07		
10.20		
19.45		
20.57		
17.25		
9.15		
22.10		
0.30		

6.3 Aussprache: Vokalneueinsatz – Hören Sie und sprechen Sie nach. ● 3.41

um|eins • um|acht • um|elf|Uhr • am|Abend • von|eins bis|acht • Er kommt am Abend um <u>elf</u> Uhr.↘

7 Wann …? Wie lange …?
Schreiben Sie Fragen. *Wann?* oder *Wie lange?*

1. Mein Deutschkurs beginnt um 8 Uhr 30.   *Wann beginnt dein Deutschkurs?*
2. Die Bäckerei ist von 6 bis 19 Uhr geöffnet. _____
3. Das Schwimmbad macht um 22 Uhr zu. _____
4. Ich mache immer von 12 bis 13 Uhr Pause. _____
5. Mein Frühstück dauert 30 Minuten. _____
6. Der Film ist um 22 Uhr 30 zu Ende. _____
7. Abends sehe ich um 19 Uhr die Nachrichten. _____
8. Ich stehe sonntags um neun Uhr auf. _____
9. Am Wochenende frühstücke ich gern eine Stunde. _____

8 Interviews im Kurs
Schreiben Sie einen Text. Die Fragen helfen.

Wann stehen Sie auf?
Wie lange frühstücken Sie?
Lesen Sie die Zeitung?

Wann gehen Sie zum Kurs?
Von wann bis wann ist der Kurs?
Was machen Sie am Mittag/Nachmittag/Abend?

Ich stehe um ...

9 Kommst du mit ...?

9.1 Eine Verabredung – Ergänzen Sie den Dialog.

- ● heute Abend / Zeit? — ● *Hast du* _____ ?
- ○ + — ○ _____
- ● Kino? — ● *Kommst du mit* _____ ?
- ○ Was? — ○ _____
- ● Kinopolis / „..." — ● *Im Kinopolis kommt „Casablanca".*
- ○ Uhr? — ○ *Um* _____ ?
- ● 18.30 — ● _____

9.2 Selektives Lesen: Veranstaltungshinweise
Was finden Sie zu 1–6 im Text? Markieren Sie wie im Beispiel. Notieren Sie Stichwörter.

1. Sie möchten einen Krimi im Fernsehen sehen.
2. Sie haben am Donnerstag ab 19 Uhr 30 Zeit.
3. Montag bis Mittwoch: Wo und wann gibt es Musik?
4. Sie mögen Filme aus Italien. Wo? Wann?
5. Billig einkaufen: wann und wo?
6. Sie möchten die Stadt kennenlernen.

1. Montag, 22.15, RTL: Mördergrube

Teddy Parkers Wochenschau

Hallo Leute!

Ich habe wieder die besten Veranstaltungen für die kommende Woche für euch rausgesucht.

Aktiv beginnt die Woche am **Montag** um 17 Uhr im Stadtpark: Inlineskate-Training – kostenlos! Im „Haus der Jugend" beginnt um 19 Uhr die Brasil-Party mit DJ FaFa und Pop-Rock.

Fernsehen oder Kino? Im Atlantik läuft um 20.30 Uhr der italienische Film „Brot und Tulpen". Um 22.15 kommt auf RTL „Mördergrube", ein Krimi mit Nina Hoss.
Um sechs in die Disco? Jeden **Dienstag** macht die Oly-Disco um 18 Uhr auf. Kein Alkohol!
Musik aus Westafrika präsentiert das Goethe-Forum um 20.30 Uhr – Karten reservieren! Um die gleiche Zeit zeigt das Leopold-Kino „Good bye, Lenin!" – klasse Film!

Mittwoch ist Kulturtag: Picasso-Ausstellung in der Stadtgalerie, kostenlose Führung von Frau Dr. Helga Flirr (um 19 Uhr). Oder in die Oper? „Carmen" um 19.30 Uhr im Nationaltheater. Um 23 Uhr zeigt die ARD Roman Polanskis „Tanz der Vampire" – mein Tagestipp!
Donnerstag ist Ruhetag. Ganz entspannt zur Lasershow „Planeten", um 19 Uhr im IMAX.
Oder: Diaschau „Alaska" von Ernst Eis, im Rathaus-Foyer um 19.30 Uhr – kostet nix!
Die Arbeitswoche ist vorbei und das Wochenende beginnt!
Freitag, 20 Uhr: Party im Freizeithaus Gartenstraße, Eintritt: 5 € – zwei Getränke frei! Und dann in den Salsa-Club, ab 22 Uhr Live-Musik.

Samstag ab 7 Uhr Flohmarkt im Stadtpark. 12 Uhr: Stadtexkursion mit dem Fahrrad, Treffpunkt am Rathaus. Ab 16 Uhr Open-Air-Folklore-Festival, Musik aus Osteuropa, Stadtpark.
Und um 23 Uhr der Krimi-Klassiker „French Connection" im Atlantik.
Sonntag ab 11 Uhr Blasmusik im Biergarten im Gasthaus „Zum Löwen". Kurzfilme von Charlie Chaplin gibt es von 15–17 Uhr in der Stadtgalerie (Eintritt frei!) und um 20 Uhr „Deutscher Hip-Hop" im KUZ oder um 20.15 Uhr der neue Tatort-Krimi in der ARD und dann mal früh ins Bett – die nächste Woche kommt bestimmt! Bis dann …

Euer Teddy Parker

Schwierige Wörter

1 Hören Sie und sprechen Sie nach. Wiederholen Sie die Übung.

◉ 3.42

frühstückst↗	frühstückst du↗	Wie lange frühstückst du?↗
die Zeitung↗	morgens die Zeitung↗	Liest du morgens die Zeitung?↗
zweiundzwanzig↘	kostet zweiundzwanzig↘	Das kostet zweiundzwanzig Euro.↘

2 Welche Wörter sind für Sie schwierig? Schreiben Sie drei Lernkarten und üben Sie mit einem Partner / einer Partnerin.

Effektiv lernen

In einer Lerngruppe lernen macht Spaß, ist effektiv und Sie lernen Ihre Kurspartner/innen kennen.

Man kann zusammen:
– Wörter lernen
– Dialoge üben
– Texte schreiben und korrigieren
– Lernkarten schreiben und tauschen
– Übungen aus dem Buch wiederholen
– …
– und viel Spaß haben!

 Wichtig: Machen Sie einen regelmäßigen Termin für Ihre Lerngruppe aus.

5 Was darf's sein?

1 Lebensmittel

1.1 Hören Sie und ergänzen Sie die Wörter. Sprechen Sie nach.

der A_____el	das Bröt_____en	die Kar___ffel	das M___eralwa___er	der Zu_____er
die Ba_____ne	die Bu_____er	der K_____e	der Sal_____	die W_____st
das B_____r	das Fl_____sch	der Ku_____en	der Sch_____ken	
das B_____t	der Jo_____urt	die Mil_____	die To_____te	

1.2 Schreiben Sie die Lebensmittel in die Läden. Es gibt mehrere Möglichkeiten.

Ⓐ Bäckerei

Brot

Ⓑ Metzgerei

Ⓒ Markt

Ⓓ Supermarkt

1.3 Farben – Was ist das? Welche Farbe hat es? Es gibt mehrere Möglichkeiten.

Pflaume   _____   _____   _____   _____   _____
blau   _____   _____   _____   _____   _____

2 Einkaufen

Ergänzen Sie den Text.

Ich k_____ fast alles i_____ Supermarkt: Brot, Butter, Käse, Eier, Fisch … und Wein und Pizza. Der Supermarkt ist bis 20 U_____ geöffnet. Ich b_____ am A_____ oft sehr müde. Am S_____ kaufe i_____ Fleisch und W_____ oder Sch_____ in der M_____. Fleisch kaufe ich nur in meiner M_____.

3 Packung – Dose – Kasten – Kilo
Wie kauft man was? Ordnen Sie zu. Es gibt zum Teil mehrere Möglichkeiten.

1. ein Liter   a, c, q, ...   a) Milch   j) Kartoffeln
2. eine Flasche   a   b) Marmelade   k) Rindfleisch
3. ein Kasten   _____   c) Apfelsaft   l) Brötchen
4. eine Packung   _____   d) Butter   m) Schnitzel
5. ein Glas   _____   e) Wein   n) Öl
6. eine Dose   _____   f) Bier   o) Brote
7. 500 Gramm   _____   g) Äpfel   p) Salami
8. drei/vier …   _____   h) Zucker   q) Mineralwasser
                                          i) Nudeln   r) Salz

4 Lebensmittel weltweit
Diese Lebensmittel aus aller Welt gibt es auch in Deutschland. Wie heißen Sie auf Deutsch? Suchen Sie im Wörterbuch oder im Internet.

 A
 B
 C
 D

Maniok

 E
 F
 G

5 Was mögen Sie?
Schreiben Sie die Sätze mit *mögen*.

1. Mais / du / ?   Magst du Mais?
2. Reis und Bohnen / Ich /.   Ich
3. kein Obst / Carlos /.   _____
4. Kartoffeln / Wir / .   _____
5. auch Joghurt / ihr / ?   _____
6. wir / keinen / Joghurt / Nein, / . _____
7. Fleisch / Sie / ?   _____
8. Mango / Yong-Min / .   _____

6 Nomen im Plural
Wie viele finden Sie? Schreiben Sie die Nomen mit Artikel und Pluralform.

1 = die Gurke, Gurken

7 Aussprache: ü und ö

● 3.44 **7.1** ü- und ö-Laute – Hören Sie und sprechen Sie langsam nach.

„i"	„i"+ 👄 = „ü"	„e"	„e"+ 👄 ="ö"
-sie	-sü-	-neh-	-nö-
-lie-	-lü-	-le-	-lö-
-him-	-hüm-	-ret-	-röt-
-kis-	-küss-	-mech-	-möch-

● 3.45 **7.2** Welchen Namen hören Sie? Kreuzen Sie an.

☐ Mettler	☒ Möttler	☐ Kisker	☐ Küsker
☐ Rellig	☐ Röllig	☐ Miesam	☐ Mühsam
☐ Behring	☐ Böhring	☐ Bieler	☐ Bühler
☐ Scheene	☐ Schöne	☐ Liebermann	☐ Lübermann

7.3 Sprechen Sie.

„Hier wohnt Familie Mettler."   „Nein, Familie Möttler!"   „Hier wohnt Familie …"

● 3.46 **7.4** Vokale – Hören Sie und ergänzen Sie die Vokale. Sprechen Sie die Sätze.

1. _I_ ch __be am D___nstag und M___ttwoch f___nfzehn M___nuten d___ Aussprache.

2. Nat__rl__ch fr__hst__cke __ch __n M__nchen.

3. W___r ___ssen v___l Gem___se m___t Oliven___l.

5

8 Matis Laden
3.47 Hören Sie zu. Welche Reaktion passt?

1.
- [a] Ich, 100 Gramm Salami, bitte.
- [b] Nein, danke.

2.
- [a] Ich brauche noch Schnitzel.
- [b] Am Stück, bitte.

3.
- [a] 250 Gramm, bitte.
- [b] Ja, das ist alles.

4.
- [a] Nein, ich brauche noch Fleisch.
- [b] Auf Wiedersehen.

5.
- [a] Wie viel kostet das?
- [b] Das war's, danke.

6.
- [a] Nein, danke.
- [b] Hier sind 50 Euro.

7.
- [a] In Scheiben oder am Stück?
- [b] Wer kommt dran?

8.
- [a] Das war's.
- [b] Wie viel Gramm?

9 Einkaufsdialoge
9.1 Was passt zusammen? Ergänzen Sie die Sätze.

___V___ 1. Das macht _18 Euro zusammen._
_____ 2. Auf _____
_____ 3. Bitte noch 125 _____
_____ 4. Danke, _____
_____ 5. Geben Sie _____
_____ 6. Haben Sie _____
_____ 7. Ich hätte gern _____
_____ 8. Ich nehme 100 Gramm _____
_____ 9. In Scheiben _____
_____ 10. Ist das _____
_____ 11. Ja, das ist _____
_____ 12. Ja, ich brauche _____
_____ 13. Nein, danke, _____
_____ 14. Nein, ich _____
_____ 15. Noch _____
_____ 16. Und zwei Euro _____
_____ 17. Sie _____
_____ 18. Wer kommt _____

a) nichts mehr.
b) Kartoffeln für Salat da?
c) oder am Stück?
d) Salami.
e) noch einen Liter Milch.
f) Wiedersehen.
g) mir bitte etwas Wurst.
h) Gramm Gouda-Käse.
i) 18 Euro zusammen.
j) alles.
k) brauche noch etwas Salat.
l) nichts mehr.
m) etwas?
n) wünschen?
o) zurück.
p) dran?
q) noch drei Äpfel.
r) alles?

9.2 Verkäufer/in und Kunde/Kundin – Wer sagt was? Schreiben Sie K oder V oder V/K.

einhundertdrei 103

10 Was kochen wir?

3.48 Sie hören drei Dialoge. Kreuzen Sie an.

1. Was kauft die Frau?

a Kartoffeln und Äpfel   b Bananen und Äpfel   c Bananen und Tomaten

2. Was gibt es zum Essen?

a Pizza   b Spaghetti   c Gemüsesuppe

3. Was kostet der Einkauf?

a 7 Euro   b 3 Euro   c 6 Euro

11 Nomen: Akkusativ

11.1 Ergänzen Sie die Akkusativformen.

Nominativ	Akkusativ
1. **der** Apfel	Ich mag (A) _____ Apfel nicht.
2. Das ist **ein** Apfel.	Ich brauche (A) _____ Apfel für den Obstsalat.
3. **das** Stück	Ich nehme (A) _____ Stück Käse da.
4. Das ist **ein** Stück Käse.	Ich nehme (A) _____ Stück Käse.
5. **die** Gurke	Ich brauche (A) _____ Gurke für den Salat.
6. Das ist **eine** Gurke.	Ich hätte gern (A) _____ Gurke.

3.49 11.2 Ergänzen Sie den Dialog. Hören Sie zur Kontrolle.

● Ich mache d_____ Salat und ei_____ Soße.

○ Ich koche d_____ Gemüsesuppe. Haben wir alles?

● Wir haben e_____ Tomate, e_____ Zwiebel, e_____ Paprika und Kartoffeln.
  Aber wir haben k_____ Brokkoli und k_____ Möhre.

○ Ist o. k. Ich schneide d_____ Gemüse. Machst du e_____ Obstsalat?

● Ja, aber wir haben k_____ Bananen und k_____ Orangen und nur e_____ Apfel.

○ Dann kaufe ich etwas Obst und bringe e_____ Liter Milch mit.

12 Ein Essen planen: einkaufen, kochen
Schreiben Sie.

1. 1 Banane / 1 Apfel / 1 Birne / 1 Kiwi / 1 Orange / und / 1 Pfirsich

   Für den Obstsalat nehme ich *eine* _____

   _____

2. 1 Möhre / 1 Kilo Tomaten / 1 Pfund Kartoffeln / 1 Zwiebel / und / 1 Dose Champignons

   Für die Gemüsesuppe nehmen wir _____

   _____

3. 750 g Kartoffeln / 400 g Zucchini / 1 Zwiebel / 1 Apfel / 3 Eier / und / 100 g Sahne

   Für den Kartoffel-Zucchini-Auflauf brauchen wir _____

   _____

4. Mehl / 1 Ei / Wasser / und / Öl

   Für die Pizza brauche ich _____

5. 1 Flasche Wein / und / 2 Flaschen Wasser

   Zum Trinken haben wir _____

Effektiv lernen

Wortschatzkarten für Nomen – Ergänzen Sie bitte. Kontrollieren Sie auf Seite 59 und mit der alphabetischen Wortliste auf Seite 135.

Vorderseite — Artikel — Pluralform — *Kartoffel, -* — Wortakzent — Beispielsatz — Rückseite (Ihre Sprache)

Schreiben Sie zehn Wortschatzkarten für Nomen aus Kapitel 1–5. Tauschen Sie im Kurs. Üben Sie zusammen.

Tomate

Die Tomate, die Tomaten. Ich mag Tomaten.

einhundertfünf

6 Familienleben

1 Familienfotos

1.1 Hier fehlen die Verben. Schreiben Sie Sätze.

findet • spielen • nehmen • machen • reden • ist

1. Am Sonntag wir oft Picknick.
2. Wir Essen und Trinken mit.
3. Die Erwachsenen und die Kinder.
4. Mein Sohn 13.
5. Er Picknick langweilig.

1. Am Sonntag machen wir oft Picknick.

1.2 Ergänzen Sie die richtige Verbform.

1. Ich __bin__ (sein) seit drei Jahren getrennt. 2. Ich _____ (erziehen) meinen Sohn allein. 3. Tobi _____ (sein) sechs und _____ (gehen) in die erste Klasse. Manchmal _____ (sein) es schwer. 4. Ich _____ (arbeiten) von 9 bis 16 Uhr. 5. Danach _____ ich _____ (einkaufen) und _____ (machen) den Haushalt. 6. Tobi _____ (machen) seine Hausaufgaben fast immer allein. 7. In der Klasse von Tobi _____ (sein) viele Kinder von Alleinerziehenden.

1.3 Familienwörter – Ergänzen Sie.

1. Meine ganze F__amilie__ lebt in Köln. Wir sind sechs E_____ und drei K_____ .

2. Meine E_____ leben in Berlin. Meine M_____ ist 64 Jahre alt und mein V_____ ist 72.

3. Wir haben drei K_____, zwei M_____ und einen J_____. Unsere T_____ gehen in die Grundschule und unser S_____ geht in den Kindergarten.

4. Ich bin 49 Jahre alt und schon O_____. Meine T_____ hat einen kleinen S_____. Er heißt Luca und ist drei Monate alt.

5. Wir haben geheiratet. Jetzt sind wir ein E_____ . In sechs Wochen bekommt meine F_____ unser erstes K_____. Eine T_____ ! Dann sind wir eine F_____.

2 Wie groß ist Ihre Familie?

2.1 Wie heißen die Familienwörter? Machen Sie eine Tabelle und schreiben Sie. (SS = ß)

GROSSMUTTERVERHEIRATETPARTNERLEDIGFREUNDIN

SCHWESTERSOHNVATERTANTEALLEINSTEHENDMUTTER

GESCHWISTERERWACHSENEFREUNDKINDBRUDERPARTNERIN

GROSSVATERMANNTOCHTEREHEPAARELTERNONKELFRAU

Mann ♂	Frau ♀	andere
	die Großmutter	verheiratet

2.2 Wie viele Paare/Gruppen finden Sie? Schreiben Sie.

1. der Vater – die Mutter – die Eltern
2. der Großvater – der Vater – der Sohn
3.

TIPP Lernen Sie Familienwörter in Paaren oder Gruppen.

3 Possessivartikel – mein-, dein-, sein-, ihr- …

3.1 Schreiben Sie wie im Beispiel.

ich	mein Bruder, meine Schwester, meine Eltern
du	dein
er/es	
sie	
wir	
ihr	
sie/Sie	

3.2 Ergänzen Sie die Formen.

1. er • er • sein • seine • seine

Das ist Peter Krause. __Er__ lebt in Bielefeld und arbeitet bei der Firma MIELE. _____ ist verheiratet. _____ Frau ist Lehrerin. _____ Töchter Sophie und Maria gehen noch zur Schule. _____ Sohn Robert macht eine Ausbildung.

2. sie • sie • ihr • ihr • ihre

Das ist Nele Krause. _____ lebt in Bielefeld. _____ Töchter Sophie und Maria gehen zur Schule. _____ Sohn Robert macht eine Ausbildung. _____ ist Lehrerin und _____ Mann arbeitet bei MIELE.

3. sie • ihr • ihre

Das sind Nele und Peter Krause. _____ leben in Bielefeld. _____ Töchter Sophie und Maria gehen noch zur Schule. _____ Sohn Robert macht eine Ausbildung.

3.3 Ergänzen Sie die Formen im Nominativ.

1. ● Wo wohnen d__eine__ Eltern?
   ○ M_____ Eltern sind geschieden. M_____ Mutter lebt in Köln und m_____ Vater in Hannover.

2. ● Wie groß ist e_____ Familie?
   ○ Ich weiß es nicht genau. U_____ Eltern und Großeltern leben noch und wir haben elf Geschwister und 27 Tanten und Onkel! U_____ Familie ist sehr groß!

3. ● Sind das d_____ Geschwister?
   ○ Nein, das ist m_____ Schwester und i_____ Ehemann. Hier sind m_____ Brüder. Christoph ist nicht verheiratet. Das ist s_____ Freundin Anna. Und das ist Jacob und s_____ Sohn Emil.

108 *einhundertacht*

3.4 Ergänzen Sie die Formen im Nominativ oder Akkusativ.

1. ● Wir möchten Susanne und i_ihren_ Freund einladen. Hast du i_____ Telefonnummer?
   ○ Ja, hier ist i_____ Handynummer.
2. ● Wann schlafen e_____ Kinder?
   ○ Ich bringe u_____ Sohn um halb neun Uhr ins Bett. U_____ Tochter Lena schläft dann schon.
3. ● Ich erziehe m_____ Sohn allein. Ich arbeite am Vormittag und am Nachmittag mache ich u_____ Haushalt. Jan macht s_____ Hausaufgaben und dann ruft er s_____ Freunde an und spielt Fußball. Das ist s_____ Hobby!

4 Interviews im Kurs

4.1 Sammeln Sie Aussagen und Fragen zu den Stichwörtern. Vergleichen Sie im Kurs.

- verheiratet
  - Bist du verheiratet?
  - Ich bin nicht ...
  - Das ist meine Frau.
  - Wie heißt ...?
- Geschwister
  - Ist das dein Bruder?
  - Hast du auch ...
- Kinder
  - Haben Sie ...?
  - Wie alt ...?

4.2 Das Familienfoto – Hören Sie. Wie viele Personen kommen im Dialog vor: 8, 15 oder 18? ⊙ 3.50

Lösung: Es kommen _____ Personen vor.

4.3 Hören Sie noch einmal. Kreuzen Sie die richtige Antwort an.

	R	F
1. Christophs Oma sieht alt aus.	☐	☒
2. Christoph hat zwei Brüder.	☐	☐
3. Nina und Martha sind verheiratet.	☐	☐
4. Christoph ist verheiratet.	☐	☐
5. Paul ist zwei Jahre alt.	☐	☐
6. Susanne ist auch auf dem Foto.	☐	☐
7. Christophs Oma hat drei Enkelkinder.	☐	☐

5 Aussprache: -er(n) und ver-

3.51 **5.1 Hören Sie und sprechen Sie nach.**

| unser – unsere | Das ist unser Sohn.↘ | Das ist unsere Tochter.↘ |
| | Das ist unser Vater.↘ | Das ist unsere Mutter.↘ |

| euer – eure | Ist das euer Bruder?↗ | Ist das eure Schwester?↗ |
| | Ist das euer Sohn?↗ | Ist das eure Tochter?↗ |

3.52 **5.2 Wiederholung – Hören Sie und sprechen Sie nach.**

im Supermarkt • der Zucker • die Butter • das Wasser • die Eier • der Bäcker • der Metzger
der Computer • der Fernseher • der Drucker • der Verkäufer • teuer
Peter kauft im Supermarkt Zucker, Butter, Wasser und Eier.↘
Der Fernseher, der Computer und der Drucker sind im Supermarkt nicht teuer.↘

3.53 **5.3 Hören Sie und sprechen Sie nach.**

der Bäcker • die Bäckerei – der Metzger • die Metzgerei – der Verkäufer • die Verkäuferin

6 Geburtstage im Kurs

6.1 Wiederholung: Schreiben Sie die Zahlen.

5 • 10 • 15 • 20 • 25 • 30 • 3 • 6 • 9 • 12 • 15 • 18 • 21 • 24 • 27 • 30

fünf, zehn ...

6.2 Wer hat wann Geburtstag?
Schreiben Sie und lesen Sie laut.

Rona   Gisela   Christiane   Hans   Frida

18.9.1924	*Gisela hat am achtzehnten September Geburtstag.*
24.8.1982	_____
18.5.2008	_____
3.12.1925	_____
11.11.1954	_____

6.3 Wann ist wer geboren? Schreiben Sie Sätze zu den Informationen aus 6.2. Lesen Sie laut

Gisela ist am achtzehnten Neunten neunzehnhundertvierundzwanzig geboren.

7 Bens Geburtstag

7.1 Zahlen und Zeit. Was passt? Schreiben Sie Sätze und vergleichen Sie im Kurs.

24 • 7 • 12 • 52 • 30 • 60 • 31 • 28 • 29 • 365 • 4
die Minute • die Stunde • der Tag • die Woche •
der Monat • das Jahr • Februar • April • Dezember

Eine Stunde hat 60 Minuten.

7.2 Glückwünsche – Ergänzen Sie. 3.54

● Hey, Mama, Papa …, das ist ja eine Überraschung!

○ 1, 2, 3: Zum Geburtstag viel Glück …

● Oh nein, bitte kom_m_ _t_ rein. Ich mac_ _ die Tür zu.

○ Her_ _ _chen Glüc_ _ _unsch.

▲ Alles Gu_ _ zum Geburtstag!

○ Viel Gl_ _ _ und alles Liebe z_ _ Geburtstag!
Hier ist un_ _ _ Geschenk! Ein Fest m_ _
Apfelkuchen, Pizza und Sa_ _ _.

▲ Und hier kommen d_ _ Getränke. Das braucht
m_ _ für ein Geburtstagsfest! Her_ _ _chen Glückwunsch, mein S_ _ n!

○ Und jetzt noch mal dein Lied: Zum Geburtstag viel Glück, zum Geburtstag viel Glück …

8 Danke sagen

Präteritum von *sein* und *haben*. Ergänzen Sie.

● Hallo, Ralf, danke für dein Geschenk! Ich kann den Kuli gut brauchen.

○ Wie __war__ dein Fest?

● Es _____ super.

○ _____ Jonas und Pablo auch da?

● Nein, sie _____ keine Zeit.

○ Wie viele _____ ihr?

● Wir _____ fast 10 Leute.

○ _____ ihr Spaß?

● Ja, wir _____ einen tollen Abend!

○ _____ du gute Musik?

● Die Musik _____ das Geschenk von Meike! Sie _____ fantastisch. Sie spielt super!

Schwierige Wörter

1 Hören Sie und sprechen Sie nach. Wiederholen Sie die Übung. 3.55

-wunsch↘   Glückwunsch↘   Herzlichen Glückwunsch!↘
Geburtstag↘   zum Geburtstag↘   Alles Gute zum Geburtstag.↘
-kuchen↘   Geburtstagskuchen↘   Hier ist der Geburtstagskuchen.↘

2 Welche Wörter sind für Sie schwierig? Schreiben Sie drei Lernkarten und üben Sie mit einem Partner / einer Partnerin.

Testtraining 2

Hören

Kreuzen Sie an: a, b oder c. Sie hören jeden Text **zweimal**.

1 Die Nummer ist:
⊙ 3.56
- a 989 42 93
- b 909 42 93
- c 909 42 39

2 Was möchte Olga mit Yong-Min trinken?
⊙ 3.57
- a Saft
- b Kaffee
- c Tee

3 Was ist kaputt?
⊙ 3.58
- a der Fernseher
- b der Computer
- c der DVD-Player

4 Was kostet das Handy?
⊙ 3.59
- a 219 €
- b 192 €
- c 129 €

5 Was braucht Katja?
⊙ 3.60
- a eine Tasse Kaffee
- b ein Bügeleisen
- c eine Waschmaschine

TIPPS zum Hören
- Lesen Sie die Aufgaben ganz genau.
- Sie verstehen beim Hören nicht jedes Wort? Keine Panik!
  Sie brauchen nicht alle Wörter aus dem Hörtext für die Antwort.
- Markieren Sie schon beim ersten Hören die Antwort.
  Unsicher? Dann machen Sie ein ? und hören beim zweiten Hören genau auf diese Frage.
- Noch unsicher? Kreuzen Sie immer etwas an.

Lesen 1

Lesen Sie die Texte und die Aufgaben 1–4.
Wo finden Sie Informationen? Kreuzen Sie an: a oder b?

Beispiel

0 Sie möchten heute ins Kino gehen. Wo bekommen Sie Informationen?

www.kultur-in-nuernberg.de
- Theater
- Konzerte
- aktuelles Kinoprogamm
- Ticketservice

www.filmwelt.de

Filmwelt – Ihr Kinoportal!

Infos über
➢ Filmfestspiele
➢ Internationale Stars
➢ Internationale Preise

☒ www.kultur-in-nuernberg.de
b www.filmwelt.de

① Ihr Kind (6 Jahre) möchte Schwimmen lernen. Wo finden Sie Informationen?

```
www.jugend-trainiert-fuer-olympia.de

Wir machen Kinder fit für Olympia!
Keine Anfängerkurse!

⇨ Disziplinen   ⇨ Termine   ⇨ über uns
```

```
www.sportvereine-koeln.de

☐ Handball      ☐ Schwimmen
☐ Fußball       ☐ andere Sportarten
☐ Tischtennis
```

a www.jugend-trainiert-fuer-olympia.de
b www.sportvereine-koeln.de

② Sie möchten einen Deutschkurs machen. Wo ist das möglich?

```
www.sprachenzentrum-erfurt.de

Fremdsprachen jetzt lernen!

Wir bieten Kurse in:
    ◇ Englisch
    ◇ Französisch
    ◇ Spanisch
    ◇ Russisch
    ◇ Schwedisch
```

```
www.vhs-erfurt.de

»Bildung für alle!«

Sprachen:
✱ Deutsch als Fremdsprache/Zweitsprache
✱ Englisch
✱ Englisch für den Beruf
✱ Spanisch
✱ andere Fremdsprachen
```

a www.sprachenzentrum-erfurt.de
b www.vhs-erfurt.de

③ Sie möchten eine Pizza machen und brauchen noch Gemüse. Wohin gehen Sie?

Maier – Grün und frisch
Heute im Angebot, frisch aus der Region:
Zucchini
Bohnen
Tomaten
Äpfel

Fleischerei Niemöller
immer gut und günstig:
▶ Hackfleisch   ▶ Schnitzel
▶ Würstchen   ▶ Rindersteaks
Auch Partyservice!

a Maier – Grün und frisch
b Fleischerei Niemöller

④ Sie suchen günstig einen gebrauchten Kinderwagen. Wo finden Sie den?

```
www.fastneu.com

    ✔ Autos
    ✔ Wohnen
    ✔ Kleider
    ✔ Haushaltsgeräte
```

```
www.zweitehand.de

Familie und Kinder

☞ Möbel          ☞ Roller und Fahrräder
☞ Kinderwägen    ☞ Kleider
```

a www.fastneu.com
b www.zweitehand.de

Testtraining 2

Lesen 2

Lesen Sie die Texte und die Aufgaben 1–5. Kreuzen Sie an. Richtig oder Falsch ?

Beispiel

0 In der Bäckerei

> Neu – Neu – Neu – Neu – Neu
> täglich von 11:30 bis 14:30
> warmer Mittagsimbiss inkl. Getränk
> nur 4,50 Euro!

In der Bäckerei kann man abends essen.

Richtig ☐   Falsch ☒

1 In der Sprachschule

 Cafeteria Polyglott

Ab sofort neue Öffnungszeiten:
Mo–Fr   9–16:30 Uhr
Sa   10–15 Uhr
So   geschlossen

Die Cafeteria ist jetzt auch sonntags offen.

Richtig ☐   Falsch ☐

2 Am schwarzen Brett im Hausflur

> Kommt alle zu unserem
> **Hausfest!**
> *Wann?* **Samstag, 13.9., ab 19 Uhr**
> *Wo?* **im Innenhof**
>
> Bitte Wurst, Fleisch, Gemüse etc. zum Grillen mitbringen.
> Brot und Getränke organisieren wir.
>
> *Beate* und *Klaus*

Beate und Klaus kaufen alles für das Fest ein.

Richtig ☐   Falsch ☐

3 Am schwarzen Brett in der Sprachschule

> **V e r k a u f e**
>
> „Einfach Grammatik" nur 5 €!
> Tel.: 54 32 78
> ab 18 Uhr

Sie können nur am Abend anrufen.

Richtig ☐   Falsch ☐

114 *einhundertvierzehn*

④ An der Tür vom Supermarkt

Liebe Kundinnen und Kunden!
Wir sind jetzt auch am Samstag bis 22 Uhr für Sie da! *Ihr Supermarkt Schwarzwaldstraße*

Es ist Samstagabend.
Der Supermarkt ist geöffnet.

Richtig ☐   Falsch ☐

⑤ An der Tür vom Kursraum

Dienstag, 13.11.
Der Deutschkurs A1 fällt heute und am Mittwoch leider aus.
Die Tochter von Frau Weber ist krank.
Am Donnerstag beginnt der Kurs wieder um 9 Uhr.

Heute und morgen ist kein Unterricht.

Richtig ☐   Falsch ☐

TIPPS zum Lesen:
– Lesen Sie zuerst die Aufgabe und dann den Text.
– Suchen Sie im Text ähnliche Wörter wie in der Aufgabe.
  Zum Beispiel: Kino – Kinoprogramm.
– Sie müssen nicht jedes Wort im Text verstehen! Suchen Sie in den Texten nur die Antwort auf die Aufgabe, der Rest ist nicht wichtig.

Schreiben

Sie wohnen in Darmstadt in der Grafenstraße 5. Die Tochter von Ihrer Nachbarin möchte Fußball spielen. Sie ist 9 Jahre alt. Die Familie möchte jeden Monat bar bezahlen.
Ihre Nachbarn haben ein Formular für die Anmeldung in einem Sportclub. Im Formular fehlen fünf Informationen. Helfen Sie Ihrer Nachbarin. Ergänzen Sie das Formular.

Darmstädter Turn- und Sportgemeinde von 1846 e.V.

Anmeldung

Name, Vorname	Swerlowa, Katarina	(0)
Straße/Hausnummer:		(1)
Wohnort:	64283	(2)
Telefon:	0 61 51/23 57 90	
Alter:		(3)
Sportart:		(4)
Zahlung:	bar Überweisung Kreditkarte	(5)
Datum	15. 3. 2010	
Unterschrift	*Anna Swerlowa*	

TIPPS zum Schreiben
– Lesen Sie die Informationen oben genau. Sie sind die Lösung für die Aufgabe.
– Schreiben Sie immer etwas, auch wenn Sie unsicher sind.
– Rechtschreibfehler: Kann man das Wort verstehen? Dann sind sie kein Problem.

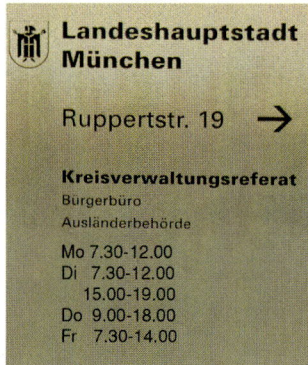

Im Alltag EXTRA

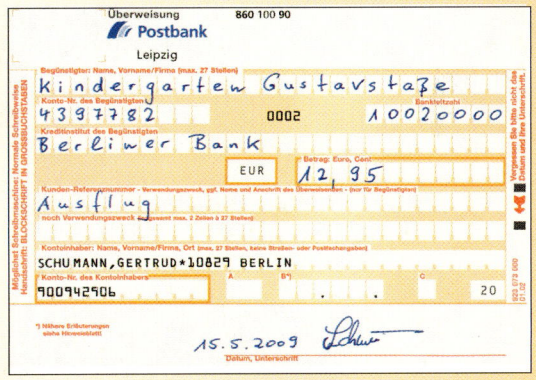

Hallo!

Sprechen, sprechen …

Du – Sie?

Ordnen Sie zu: Wer duzt? Wer siezt? Notieren Sie du oder Sie.

Ⓐ Sie – Sie   Ⓑ _____   Ⓒ _____

Ⓓ _____   Ⓔ _____   Ⓕ _____

Was sagen die Personen? Ordnen Sie die Situationen A–F den Dialogen 1–6 zu.

1 A
- Guten Tag. Bitte sehr?
- Guten Tag. Ich suche den Deutschkurs A1.
- Wie heißen Sie bitte?
- Mein Name ist Svoboda.
- Sind Sie Frau Kristina Svoboda?
- Ja.

2 ☐
- Tim, kommst du?
- Ja.
- Bis morgen.
- Tschüs, Frau Müller.
- Auf Wiedersehen, Anton.

3 ☐
- Tag, Sandra.
- Hallo, Nina! Wie geht's?
- O. k. Und dir?
- Du, frag nicht. Nicht so gut.
- Oh!

4 ☐
- Tag, Tina.
- Tag, Herr Tritsch.
- Was möchtest du?
- Die Zeitung für Papa.

5 ☐
- Alles ist in Ordnung!
- Wunderbar. Ich danke Ihnen.
- Bitte, bitte.
- Auf Wiedersehen.
- Einen schönen Tag noch!

6 ☐
- Tschüs. Bis später.
- Mach's gut.
- Du auch, Schatzi.
- Tschüs!!

118 *einhundertachtzehn*

Papiere, Papiere ...

Persönliche Daten

Füllen Sie das Formular aus: Zuerst für sich und dann für eine andere Person.

Ich

Familienname	
Geburtsname	
Vorname(n)	
Geburtsdatum	
Geburtsort	
Staatsangehörigkeit	
Geschlecht	☐ weiblich ☐ männlich

Eine andere Person

Familienname	
Geburtsname	
Vorname(n)	
Geburtsdatum	
Geburtsort	
Staatsangehörigkeit	
Geschlecht	☐ weiblich ☐ männlich

Namen – international

Vorname – Familienname?

Wie ist das in Ihrem Land?

Deutschland: Ungarn: Marokko: Ihr Land: _____

Ursula Schulz-Fischer   Fehér László   Rabia El Abdullah

- Ursula → Vorname
- Schulz-Fischer → Familienname
- Fehér → Familienname
- László → Vorname
- Rabia → Vorname
- El Abdullah → Familienname

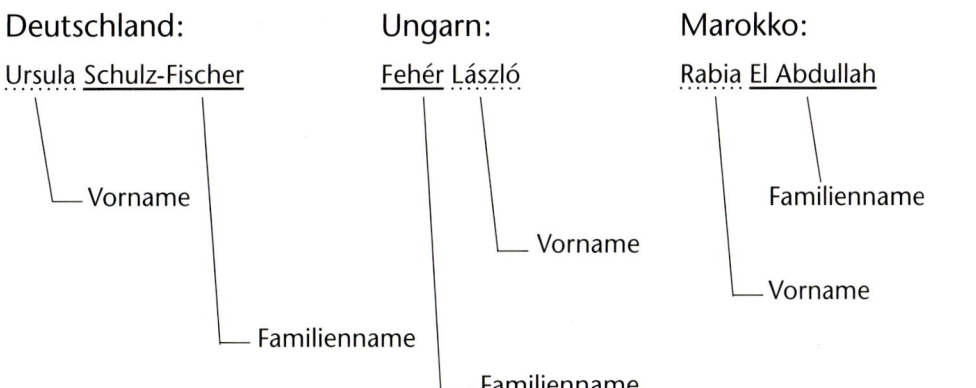

> **INFO** In Listen schreibt man oft so: El Abdullah, Rabia
>   Fehér, László
>   Schulz-Fischer, Ursula
>   ...

Schreiben Sie eine alphabetische Kursliste für Ihren Kurs.

einhundertneunzehn **119**

Wie geht's?

Sprechen, sprechen ...

Sie verstehen etwas nicht?

1
- ● Das macht 4 Euro 75.
- ○ Wie bitte?
- ● Macht 4 Euro 75.
- ○ Ich verstehe nicht. Bitte sprechen Sie langsamer.
- ● 4 Euro – und 75 Cent.
- ○ Oh, ja! Bitte sehr.

2
- ● Wo wohnst du?
- ○ In der Frauenlobstraße 15.
- ● Noch einmal, bitte.
- ○ Frauenlobstraße 15.
- ● Wo ist das?
- ○ Am Bahnhof.

3
- ● Rufen Sie mich an. Meine Handynummer ist 0179-1055781.
- ○ Bitte wiederholen Sie.
- ● 0 1 7 9 - 1 0 5 5 7 8 1.
- ○ Ich verstehe Sie nicht gut. Bitte schreiben Sie das auf. ... Danke.
- ● O. k., bis später.

Sprechen und spielen Sie die Dialoge im Kurs.

Wie bitte? Ich verstehe (Sie) nicht.	Noch einmal, bitte. Bitte wiederholen Sie.
Bitte sprechen Sie lauter/langsamer.	Bitte schreiben Sie das auf.

TIPP Haben Sie immer Stift und Papier dabei.

Spiel: „Ich verstehe nicht."
Spielen Sie.

Papiere, Papiere …

Persönliche Daten

Füllen Sie das Formular aus: Tauschen Sie die Formulare und stellen Sie einen anderen Kursteilnehmer vor.

Name, Vorname	Alter

Straße, Hausnummer	Telefon tagsüber	Telefon abends

PLZ	Wohnort	E-Mail

Datum/Unterschrift Teilnehmer/in

Das ist Olga … Sie ist 26 Jahre alt. Sie wohnt in … Die Telefonnummer tagsüber ist …

Das ist …

Notieren Sie persönliche Daten von Freunden und Bekannten.
Stellen Sie Ihre Freunde und Bekannten vor.

Meine und deine Sprache

Deutsch und meine Sprache

Deutsch – Englisch

Ich spreche Deutsch.

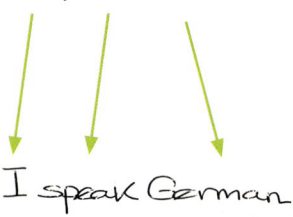

I speak German.

Deutsch – Italienisch

Ich spreche Deutsch.

Parlo tedesco.

Deutsch – Türkisch

Ich spreche Deutsch.

Almanca konuşuyorum

Und Ihre Sprache?

Was kostet das?

Sprechen, sprechen …

Wie heißt das auf Deutsch?
Lesen Sie die Dialoge. Sprechen Sie in verteilten Rollen.

1
- Entschuldigung, ich möchte … wie heißt das auf Deutsch?
- Eine Brezel.
- Ja, eine Brezel.

2
- Heute ist es … Wie sage ich das auf Deutsch?
- Kalt. Stimmt, heute ist es kalt.
- Heute ist es sehr, sehr kalt!

3
- Entschuldigung, ich suche … *bus station* …, wie sagt man auf Deutsch?
- Meinen Sie den Busbahnhof?
- Ja, Busbahnhof.
- Der ist dahinten.

> Wie heißt das auf Deutsch?
> Wie sage ich das auf Deutsch?
> Wie sagt man (dazu) auf Deutsch?

Pantomime: Partner A spielt vor. Partner B sagt das Wort.

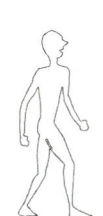  

Das … ist alt.
Der … kostet nur 50 Euro.
Das … ist neu.
Die … kostet 129 Euro.
Der Fernseher ist …
Die Lampe ist …
Das ist meine …
Das ist eine …
…

Kinderwagen
schön
kaputt
Schere
Digitalkamera
Tasche
Handy
Fahrrad

Wo sprechen Sie Deutsch?
Kreuzen Sie an. Sprechen Sie im Kurs.

- ☐ Supermarkt
- ☐ zu Hause
- ☐ Arzt
- ☐ Straße
- ☐ Schwimmbad
- ☐ Disco
- ☐ Arbeit
- ☐ Kindergarten
- ☐ Bank
- ☐ Bus
- ☐ Deutschkurs
- ☐ …

Papiere, Papiere …

Geldbeträge eintragen

So sprechen Sie:　　　　　　　　　　　　　**So schreiben Sie Beträge/Zahlen auf:**

fünf Cent　　　　　　　　　　　　　　　　　　0,05 €
zwei (Euro) fünfundneunzig (Cent)　　　　　　2,95 €
achtzig (Euro) siebenundsechzig (Cent)　　　　80,67 €
fünfhundertneunundachtzig (Euro) fünfzig (Cent)　　589,50 €

Diktieren Sie drei Geldbeträge.
Ihr Partner / Ihre Partnerin schreibt in die Formularfelder.

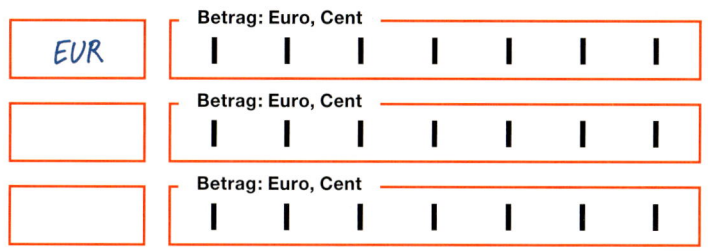
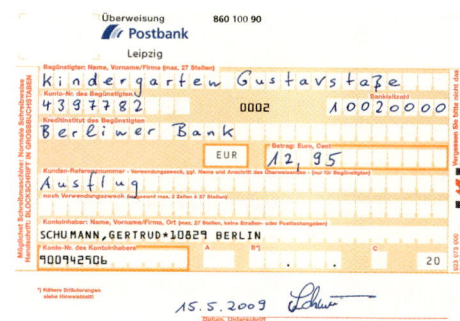

Vergleichen Sie Einkauf und Kassenzettel.

Entschuldigung, da stimmt etwas nicht.

```
    SUPER-Markt
        EUR
Bananen          1,79
Erdnüsse         0,55
Eier             1,99
Zitronen         1,29
H-Milch 3,5 %    0,68
H-Milch 3,5 %    0,68
Joghurt, fettarm 0,49
Schokolade Nuss  0,59
Buttertoast      1,49
Summe            9,55
9 Artikel
B a r
```

TIPP Kontrollieren Sie immer sofort den Kassenzettel!

Meine und deine Sprache

Sammeln Sie Wörter und Fotos zum Thema „Geld".
Übersetzen Sie sie in Ihre Muttersprache.
Lesen Sie drei Wörter im Kurs vor.

Bank = ………………………………………
Kleingeld = ………………………………………
Währung = ………………………………………

TIPP Im Internet finden Sie Währungsrechner. Zum Beispiel unter www.umrechnung24.de

Wie spät ist es?

Sprechen, sprechen ...

Wann machen Sie auf?
Ordnen Sie die Dialoge den Bildern zu.

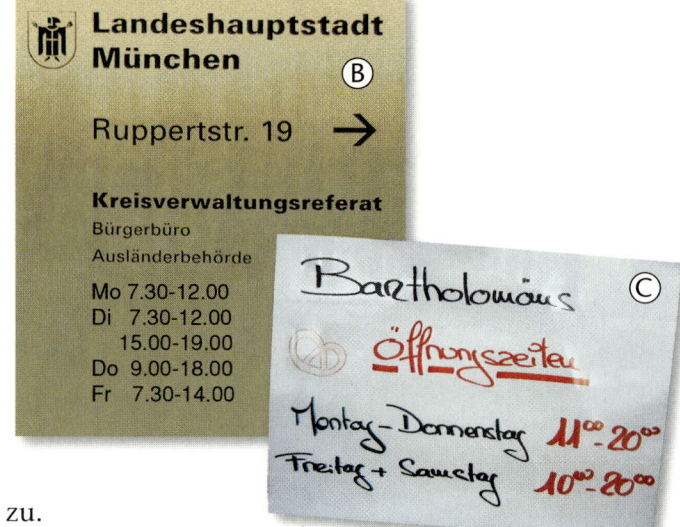

1 ● Wann machen Sie am Freitag auf?
○ Um 8 Uhr 30. Wir machen aber um 14 Uhr 30 zu.
● Danke!
○ Bitte sehr. Auf Wiedersehen.

2 ■ Entschuldigung, wann schließen Sie heute?
□ Um 20 Uhr – ganz normal.
■ Oh, so früh. Na ja, vielen Dank!
□ Bitte sehr.

3 ▲ Entschuldigung, wie lange haben Sie am Freitag auf?
△ Nur von 7.30 bis 14 Uhr.
▲ Hat das Bürgeramt am Nachmittag zu?
△ Leider ja.

Wann machen Sie auf?	Um ... Uhr.
Wann machen Sie zu?	Wir machen um ... Uhr zu.
Wann öffnen Sie?	Wir öffnen um ... .
Wann schließen Sie?	Wir schließen um ... Uhr.
Wie lange haben Sie auf?	Von ... bis ...

Schreiben Sie Ämter und Geschäfte auf Kärtchen. Schreiben Sie Öffnungszeiten auf Kärtchen. Spielen Sie Dialoge.

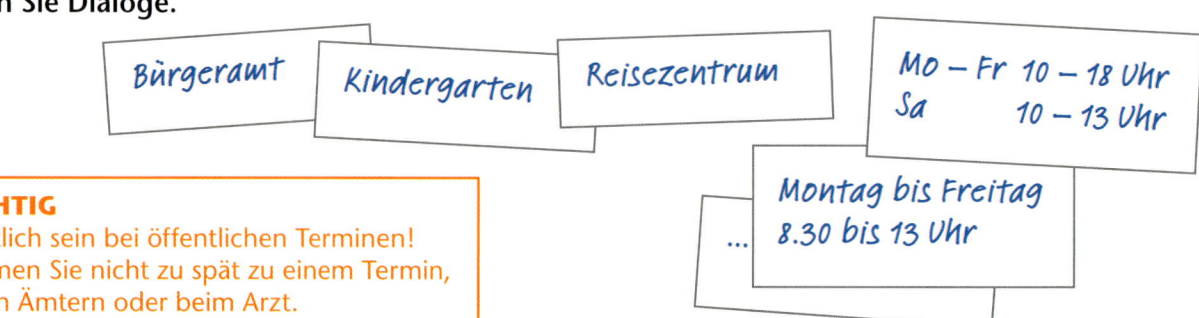

WICHTIG
Pünktlich sein bei öffentlichen Terminen!
Kommen Sie nicht zu spät zu einem Termin,
z. B. in Ämtern oder beim Arzt.

Terminvereinbarung
Spielen Sie mit einem Partner wie im Beispiel.

Partner 1
Ich brauche einen Termin.

Vormittags.

Nicht so gut. Geht es auch um 10 Uhr?

Partner 2
Vormittags oder nachmittags?

Geht es am Donnerstag um 8 Uhr?

Ja, 10 Uhr geht auch. Also Donnerstag, den 23. Mai um 10 Uhr. Ich schreibe es Ihnen auf.

4

Papiere, Papiere …

Wann ist der Deutschkurs?

Üben Sie Dialoge mit unterschiedlichen Partnern:

- ● Ich suche einen Deutschkurs am Vormittag. Grundstufe 1.
- ○ Wir haben einen Intensivkurs.
- ● Wann ist der?
- ○ Montag bis Freitag von 9 bis 12 Uhr 15.

Spiel: Schreiben Sie einen „Ich habe Zeit"-Zettel und einen „Deutschkurs"-Zettel. Tauschen Sie die Zettel aus und finden Sie den richtigen Kurs.

Zeitplan: Deutschkurse		1. Halbjahr
Kurs	Tage	Uhrzeit
Grundstufe 1:		
A1 Minikurs	Di, Do	18:45–21:00
A1 Minikurs	Mo, Mi	18:45–21:00
A1 Intensivkurs Vormittag	Mo–Fr	09:00–12:15
A1 Intensivkurs Nachmittag	Mo–Fr	14:30–17:45
A1 Intensivkurs Abend	Mo–Fr	17:45–21:00
Grundstufe 2:		
A2 Intensivkurs Vormittag	Mo–Fr	09:00–12:15
A2 Minikurs	Mo, Mi	18:45–21:00
A2 Intensivkurs Abend	Mo–Fr	17:45–21:00
A2 Intensivkurs Nachmittag	Mo–Fr	14:30–17:45
Grundstufe 3:		
B1 Intensivkurs Vormittag	Mo–Fr	09:00–12:15
B1 Minikurs	Mo, Mi	18:45–21:00
B1 Intensivkurs Abend	Mo–Fr	17:45–21:00

Öffnungszeiten – international

Öffnungszeiten

Land				Deutschland
Supermärkte				
Postämter				
Banken				
Tankstellen				
Schulen				
Cafés				

Notieren Sie Öffnungszeiten. Sprechen Sie im Kurs. Wie sind die Öffnungszeiten in Deutschland?

In Istanbul ist die Post von 8 bis 24 Uhr geöffnet.

 Projekt

Fotografieren Sie mit dem Handy Beispiele von Öffnungszeiten und zeigen Sie Ihre Fotos im Unterricht.

Was darf's sein?

Sprechen, sprechen …

Sie kennen das Wort nicht?

Lesen und üben Sie den Dialog mit einem Partner / einer Partnerin.

- ● Entschuldigung, haben Sie … wie heißt das … chocolade?
- ○ Schokolade?
- ● Ja, für Milch.
- ○ Oh, Kakao! Kakaopulver.
- ● Ja, Kakao!
- ○ Kakao ist dahinten.

Überlegen Sie: Was kennen Sie? Sammeln Sie Wörter zu anderen Lebensmitteln wie in den Beispielen.

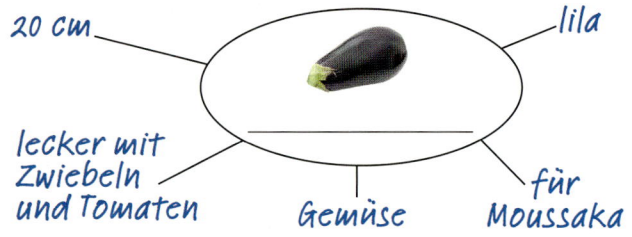

Üben Sie kurze Einkaufsgespräche.

Entschuldigung, ich suche …	für Milch/Tee/Salat …
	wie Zucker
Haben Sie …?	lila/gelb/rot/grün/braun …
Ich möchte …	süß/sauer
	20 cm lang/klein/rund/oval …

Projekt

Notieren Sie Preise: Supermarkt, Wochenmarkt, Einzelhandel …
Vergleichen Sie im Kurs. Wo ist es billig?

Mein Supermarkt: _____

Fleisch	Wurst	Tee	Saft	Brot
500 g Rindfleisch = 4,99 Euro			1 Liter Apfelsaft = 69 Cent	
Öl	Käse	Suppe	Joghurt	Marmelade

WICHTIG Auf den Packungen stehen die Inhaltsstoffe, die Kalorien und das Haltbarkeitsdatum!

Papiere, Papiere …

Bestellen beim Versandhaus

Bestellschein

Hiermit bestelle ich

A
- Name, Vorname
- Straße — Hausnummer
- Postleitzahl — Wohnort
- Telefon (Tag) — Telefon (Abend)
- E-Mail-Adresse @

B

Artikelbezeichnung	Bestellnummer	Anzahl	Gesamtpreis in Euro	Katalog-seite

Drucker/Scanner/Kopierer
Best.Nr. 71 448 29
Euro 139,50
S. 1040

Kaffeemaschine
Best.Nr. 49 503 10
Euro 44,95
S. 948

MP3-Player 4 GB
Best.Nr. 28 24 377
Euro 59,90
S. 736

Fernseher 94 cm
Best.Nr.: 75 08 716
Euro 1299,–
S. 2230

Bügeleisen Comfort
Best.Nr. 82 44 870
Euro 69,99
S. 912

Füllen Sie A aus. Schreiben Sie dann mindestens drei Artikel in das Bestellformular in B.

> **TIPP** Sie können auch im Internet bestellen. Suchwort: Versandhäuser

Essen und einkaufen – international

Wo kaufen Sie ein?

Schreiben Sie eigene Beispiele und vergleichen Sie im Kurs.

Ich komme aus … • Ich esse gerne … • Ich kaufe … im …

*Ich komme aus Moldawien.
Ich esse gerne russisch.
Ich kaufe Fisch und Teigtaschen – Pelmeni –
im „Samowar" in der Katzbergstraße.*

Projekt
Wo gibt es in Ihrer Stadt internationale Lebensmittel?

Familienleben

Sprechen, sprechen ...

Ich in meiner Familie

Was sind Sie in Ihrer Familie? Schreiben Sie über sich und sprechen Sie im Kurs.

Mehmet
Ich bin Sohn. Ich bin Schwager.
Ich bin Bruder. Ich bin Onkel.

Alina
Ich bin Ehefrau. Ich bin Schwiegertochter.
Ich bin Enkelin. Und ich bin die Mutter von
Ich bin Schwester. Zoltan und Rucika.

Und die Kinder?

Lesen Sie die Dialoge mit verteilten Rollen.

1
● Meine Schwiegertochter geht wieder arbeiten.
○ Und die Kinder? Sie sind doch noch klein!
● Die Kleine ist schon im Kindergarten. Jakub geht jetzt in die Grundschule. Und die Große, Paulina, geht auf's Gymnasium.
○ Schafft deine Schwiegertochter das?
● Sie arbeitet halbtags. Und ich bin ja auch da!

2
● Mein Bruder wird 65, er geht in Rente.
○ Und deine Schwägerin?
● Sie ist Hausfrau.
○ Dann ist er jetzt den ganzen Tag zu Hause!
● Na ja, sie haben zwei Kinder. Und meine Mutter wohnt auch bei ihnen. Das wird nicht langweilig.

Schreiben Sie mit einem Partner / einer Partnerin einen Dialog und spielen Sie ihn im Kurs.

Und die Kinder?	... ist/sind schon im Kindergarten.
Und deine Schwägerin?	... geht/gehen in die Grundschule.
Und dein Bruder?	... geht/gehen auf's Gymnasium.
	... ist Hausfrau.
	... geht in Rente.

Wie geht es weiter? Spielen Sie im Kurs.

● Hallo, Nasir. Kommst du mit zu John?
○ Das geht nicht. Dann sind die Kinder allein.
● Und deine Frau?
○ Sie ist beim Elternabend in der Schule.
● Und deine Schwägerin?
○ Sie ist krank.
● Und dein ...?
○ Er ...
● ...

6

Papiere, Papiere ...

Familienstand

Kreuzen Sie an und vergleichen Sie im Kurs.

Roberto Juarez ist 38 Jahre alt. Er hat ein Reisebüro zusammen mit seiner Frau.
☐ ledig
☐ verheiratet
☐ geschieden
☐ verwitwet

Cornelia Simon ist 25. Sie lebt mit ihrem Freund zusammen und arbeitet bei der Post.
☐ ledig
☐ verheiratet
☐ geschieden
☐ verwitwet

Nirakar Bhushan lebt in Frankfurt. Seine Ex-Frau ist in New Delhi.
☐ ledig
☐ verheiratet
☐ geschieden
☐ verwitwet

Anna Tarasova ist 62. Sie lebt bei ihrer Tochter. Ihr Mann ist 2007 gestorben.
☐ ledig
☐ verheiratet
☐ geschieden
☐ verwitwet

Sie beantragen Kindergeld. Füllen Sie das Formular aus

Antrag auf Kindergeld

Beachten Sie bitte das anhängende Hinweisblatt und das Merkblatt über Kindergeld. Bitte verwenden Sie Druckbuchstaben beim Ausfüllen.

1 Antragsteller(in):

Name | Titel

Vorname | Ggf. Geburtsname und Name aus früherer Ehe

Geburtsdatum (Tag Monat Jahr) | Geschlecht (W = weiblich, M = männlich) | Staatsangehörigkeit | Telefonisch tagsüber erreichbar unter Nr. (freiwillige Angabe)

Familienstand: ☐ ledig | seit | ☐ verheiratet | ☐ eingetragene Lebenspartnerschaft
☐ verwitwet | ☐ geschieden | ☐ dauernd getrennt lebend

INFO   Behördensprache

Zutreffendes bitte ankreuzen	= Machen Sie ein Kreuz in das richtige Feld.	☒
Bitte verwenden Sie Druckbuchstaben/Blockschrift	= Schreiben Sie alle Buchstaben einzeln.	K O L A T
freiwillige Angabe	= Sie müssen das nicht ausfüllen.	—

INFO   Kindergeld

Wer in Deutschland wohnt, kann für seine Kinder Kindergeld bekommen. Das Kindergeld gibt es bei der Familienkasse der Agentur für Arbeit. www.arbeitsagentur.de/kinderzuschlag   (Stand: 2008)

Projekt

Erkundigen Sie sich: Wer hilft Ihnen in Ihrem Ort beim Ausfüllen von Formularen?

einhundertneunundzwanzig **129**

Buchstaben und Laute

Sie lesen/ schreiben	Sie hören/ sprechen	Beispiele	Sie lesen/ schreiben	Sie hören/ sprechen	Beispiele
a aa ah	a (l a n g)	Name, Ehepaar, Zahl	m mm	m	Montag, kommen
a	a (kurz)	danke, alle			
ä äh	ä (l a n g)	Käse, zählen	n nn	n	Name, können
ä	e (kurz)	Sätze			
äu	oi	Häuser	o oh oo	o (l a n g)	oder, wohnen, Zoo kom-
ai	ai	Mai	o	o (kurz)	men
au	au	Haus			
			ö öh	ö (l a n g)	hören, Möhre
b bb	b	Buch, Hobby	ö	ö (kurz)	möchten
-b	p	Verb			
			p pp	p	Pause, Suppe
ch	(i)ch	ich, möchten	ph	f	Alphabet
	(a)ch	Buch, kochen			
-chs	ks	sechs	qu	kw	bequem, Qualität
d	d	du, Stunde	r rh rr	r	richtig, Rhythmus, Herr
-d	t	Land			
-dt	t	Stadt	s ss	s	Haus, Adresse
				s ♪	sehr, zusammen
e ee eh	e (l a n g)	lesen, Tee, sehr	sch	sch	schön
e	e (kurz)	Heft, essen	sp	schp	sprechen, Aussprache
-e	e (unbetont)	danke	st-	scht	Stadt, vorstellen
ei	ai	Seite, Ei	ß	s	heißen
-er	a (unbetont)	Butter			
eu	oi	heute, euch	t tt th	t	Tür, bitte, Theater
			-t(ion)	ts	Information
f ff	f	fahren, Kaffee			
			u uh	u (l a n g)	Juli, Uhr
g	g	gut, sagen	u	u (kurz)	Suppe
-g	k	Tag			
			ü	ü (l a n g)	Tür, kühl
h	h	Haus, haben	ü	ü (kurz)	müssen
i ie ih ieh	i (l a n g)	Kino, sieben, ihn (er) sieht	v	w ♪	Vokal
i	i (kurz)	bitte, in		f	Nominativ, vier
-ig	-ich	billig	w	w ♪	Wasser, zwei
j	j	ja	x	ks	Text
k ck	k	Kuchen, Bäckerei	y	ü (l a n g)	Typ
			y	ü (kurz)	Rhythmus
l ll	l	leben, billig			
			z	ts	zahlen, zu

Aussprachregeln

1 Vokale und Konsonanten

Buchstaben Sie lesen/schreiben	Aussprache Sie hören/sprechen	Beispiele
Vokale		
Vokal + Vokal	l a n g	Eh**ep**aar, T**ee**, l**ie**gen
Vokal + h	l a n g	z**eh**n, w**oh**nen, S**ah**ne, f**üh**len
Vokal + 1 Konsonant	l a n g	T**a**g, N**a**me, l**e**sen, Br**o**t
Vokal + mehrere Konsonanten	kurz	H**e**ft, **o**rdnen, k**o**sten, b**i**llig
Konsonanten		
-b / -d / -g / -s / -v	„p" / „t" / „k" / „s" / „t" am Wort-/Silbenende	Ver**b**, un**d**, Ta**g**, Hau**s**, Nominati**v** a**b**|geben, au**s**|machen
ch	„(a)ch" nach a, o, u, au	ma**ch**en, do**ch**, Bu**ch**, au**ch**
	„(i)ch" nach e, i, ä, ö, ü, ei, eu nach l, r, n	se**ch**zehn, di**ch**, mö**ch**ten, glei**ch**, eu**ch** wel**ch**e, dur**ch**, man**ch**mal
-ig		fert**ig**
h	„h" am Wort-/Silbenanfang kein „h" nach Vokal	**h**aben, wo|**h**er wo**h**nen, U**h**r, Sa**h**ne
r	„r" am Wort-/Silbenanfang	**R**eis, hö|**r**en
-er	„a" -er am Wortende bei Präfix er-, vor-, -ver nach langem Vokal	Toch**ter**, Leh**rer** **er**klären, **vor**lesen, **ver**stehen vie**r**, Uh**r**, wi**r**
st, sp	„scht", „schp" am Wort-/Silbenanfang	**St**adt, auf|**st**ehen, **sp**rechen, Aus|**sp**rache

2 Satzmelodie

Die Satzmelodie fällt am Satzende:

(Ich komme …) Aus der Schweiz.↘	Antwortsatz
Mein Name ist Sánchez.↘	Aussagesatz
Sprechen Sie bitte nach.↘	Aufforderung

Die Satzmelodie steigt am Satzende:

Heißen Sie Sánchez.↗	Ja/Nein-Frage
Sánchez?↗	Rückfrage
Woher kommen Sie?↗	W-Frage (☺ freundlich)

> Bei Fragen/W-Fragen fällt die Satzmelodie, wenn die Äußerung sehr sachlich (nicht sehr höflich) ist:
> Wo wohnen Sie?↘ Wohnen Sie auch hier?↘

Die Satzmelodie bleibt vor Pausen (vor Komma) gleich.

Ich nehme Äpfel, → Bananen und eine Gurke.	Aufzählungen

3 Akzentuierung

Satzakzent

Man betont im Satz immer das Wort mit der wichtigsten/zentralen Information.

Carlos geht heute mit Olga ins Kino.	(nicht Tom)
Carlos geht heute mit Olga ins Kino.	(nicht morgen)
Carlos geht heute mit Olga ins Kino.	(nicht mit Yong-Min)
Carlos geht heute mit Olga ins Kino.	(nicht ins Theater)

Wortakzent

	Wortakzent	Beispiele
1. einfache ‚deutsche' Wörter	Stammsilbe	hören, Name
2. nicht trennbare Verben	Stammsilbe	entschuldigen, verkaufen
3. trennbare Verben/Nomen	Präfix	aufschreiben, nachsprechen / Aufgabe
4. Nachsilbe -ei	letzte Silbe	Bäckerei, Polizei, Türkei
5. Buchstabenwörter		BRD
6. Endung -ion		Information, Konjugation
7. Endung -ieren	vorletzte Silbe	funktionieren
8. die meisten Fremdwörter	(vor)letzte Silbe	Student, Dialog
9. Komposita	Bestimmungswort	Bügel|eisen, Wasser|kocher

Unregelmäßige Verben

abgeben, er gibt ab, abgegeben 3/11, 33
abwaschen, er wäscht ab, abgewaschen 4/6, 43
anbraten, er brät an, angebraten 5/13, 56
anfangen, er fängt an, angefangen 4/3, 42
angeben, er gibt an, angegeben 4/1, 40
anrufen, er ruft an, angerufen 2/12, 22
ansehen, er sieht an, angesehen 2/2, 17
auf sein, er ist auf, ist auf gewesen 4/7, 44
aufschreiben, er schreibt auf, aufgeschrieben 4/4, 42
aufstehen, er steht auf, ist aufgestanden 4/1, 40
aus sein, er ist aus, ist aus gewesen 2/12, 22
ausblasen, er bläst aus, ausgeblasen 6/9, 66
aussehen, er sieht aus, ausgesehen 6/9, 66
beginnen, er beginnt, begonnen 4/7, 44
bekommen, er bekommt, bekommen 5/8, 54
beschreiben, er beschreibt, beschrieben 3, 26
bringen, er bringt, gebracht 4/1, 40
da sein, er ist da, ist da gewesen 2/12, 22
dahaben, er hat da, dagehabt 5/9, 54
dran sein, er ist dran, ist dran gewesen 5, 58
drankommen, er kommt dran, ist drangekommen 5/9, 54
dürfen, er darf, dürfen/gedurft 5, 58
einladen, er lädt ein, eingeladen 4/9, 46
einschlafen, er schläft ein, ist eingeschlafen 4/10, 46
eislaufen, er läuft eis, ist eisgelaufen 6/9, 66
erkennen, er erkennt, erkannt 4/11, 47
erziehen, er erzieht, erzogen 6, 61
essen, er isst, gegessen 4/3, 42
fahren, er fährt, ist gefahren 2/12, 22
fallen, er fällt, ist gefallen 1, 15
fernsehen, er sieht fern, ferngesehen 3/11, 32
finden, er findet, gefunden 3/13, 33
geben, er gibt, gegeben 5/9, 54
gehen, er geht, ist gegangen 4/1, 40
gießen, er gießt, gegossen 5/13, 56
haben, er hat, gehabt 1, 14
heißen, er heißt, geheißen 1/1, 7
helfen, er hilft, geholfen 2/15, 23

kennen, er kennt, gekannt 2/4, 18
kommen, er kommt, ist gekommen 1/1, 7
können, er kann, gekonnt/können 2/12, 22
lesen, er liest, gelesen 1/5, 9
liegen, er liegt, gelegen 1/7, 10
mitbringen, er bringt mit, mitgebracht 5/15, 57
mitkommen, er kommt mit, ist mitgekommen 4/9, 45
mitlesen, er liest mit, mitgelesen 1/2, 8
mitnehmen, er nimmt mit, mitgenommen 6, 60
mitsprechen, er spricht mit, mitgesprochen 2/8, 20
möchten, er möchte, gemocht 2, 16
mögen, er mag, mögen/gemocht 3/8, 30
müssen, er muss, müssen/gemusst 6/9, 66
nachsprechen, er spricht nach, nachgesprochen 1/3, 8
nennen, er nennt, genannt 3/2, 27
nehmen, er nimmt, genommen 2, 16
raten, er rät, geraten 1/6, 10
schneiden, er schneidet, geschnitten 5/11, 55
schreiben, er schreibt, geschrieben 1/4, 9
schwimmen, er schwimmt, hat/ist geschwommen 4, 48
sehen, er sieht, gesehen 4/10, 46
sein, er ist, ist gewesen 1/1, 7
sitzen, er sitzt, gesessen 4/1, 40
sprechen, er spricht, gesprochen 1, 6
stehen, er steht, hat/ist gestanden 4/10, 47
steigen, er steigt, ist gestiegen 1/15
trinken, er trinkt, getrunken 2, 16
unterschreiben, er unterschreibt, unterschrieben 6/9, 66
vergleichen, er vergleicht, verglichen 5/2, 51
verstehen, er versteht, verstanden 1/11, 13
vorlesen, er liest vor, vorgelesen 2/4, 18
waschen, er wäscht, gewaschen 5/13, 56
weggehen, er geht weg, ist weggegangen 4/1, 40
wegnehmen, er nimmt weg, weggenommen 5/13, 56
werden, er wird, ist geworden 6/9, 66
wiedersehen (sich), er sieht wieder, wiedergesehen 2/12, 22
zusammen sein, sie sind zusammen, sind zusammen gewesen 6/8, 65

Verben mit Akkusativ

abgeben – Sie möchte einen Kinderwagen abgeben.
anbraten – Er brät die Zwiebeln an.
angeben – Sie können die Uhrzeiten angeben.
ankreuzen – Kreuzen Sie das richtige Wort an.
anmachen – Lukas macht den Fernseher an.
anrufen – Er ruft Samira an.
ansehen – Sehen Sie die Fotos an!
aufmachen – Wann macht der Supermarkt auf?
ausblasen – Großvater bläst die Kerzen aus.
ausmachen – Um vier macht er den Computer aus.
austauschen – Sie tauschen ihre Adressen aus.
begrüßen – Olga begrüßt Frau Wohlfahrt.
bekommen – Er bekommt zu wenig Geld zurück.
beschreiben – Beschreiben Sie die Gegenstände.
besuchen – Sie besucht ihren Vater.
brauchen – Wir brauchen einen Kühlschrank.
buchstabieren – Er buchstabiert das Wort.
einkaufen – Sie kauft noch Tomaten ein.
einladen – Ich lade dich ein.
ergänzen – Ergänzen Sie den Text.
erklären – Erklären Sie das bitte noch mal.
erreichen – Sie erreichen mich am Telefon.
erzählen – Lukas erzählt eine Geschichte.
erziehen – Ich erziehe meinen Sohn allein.
essen – Er isst einen Salat.
finden – Wo finde ich eine Bäckerei?
fragen – Fragen Sie Ihren Partner.
füllen – Man füllt die Kartoffeln in die Form.
geben – Geben Sie mir bitte noch sechs Eier.
gießen – Er gießt die Sahne über das Gemüse.
grillen – Die Männer grillen das Fleisch.
haben – Wir haben noch fünf Tomaten.
heiraten – Sie heiratet ihren Freund.
hören – Hören Sie den Dialog.
holen – Ich hole noch 1 Kilo Zwiebeln.
kaufen – Sie kauft ein Bügeleisen.
kennen – Sie kennen jetzt schon viele Verben.
kochen – Wir kochen eine Suppe.
kontrollieren – Kontrollieren Sie den Text.
legen – Legen Sie die Apfelscheiben in die Form.
lernen – Wir lernen viele Wörter.
lesen – Er liest ein Buch.
machen – Machen Sie eine Liste.
markieren – Sie markiert die Verben.
mitbringen – Bringen Sie Rezepte mit.
mitnehmen – Wir nehmen Essen zum Picknick mit.
mögen – Ich mag deine Brille.
möchten – Ich möchte eine Tasse Kaffee.
nehmen – Er nimmt ein Glas Tee.
notieren – Ich notiere die Wörter.
ordnen – Ordnen Sie die Dialoge.
organisieren – Die Eltern organisieren Spiele.
planen – Wir planen ein Essen.
sagen – Sie sagt ihren Namen.
sammeln – Sammeln Sie die Verben.
schälen – Er schält den Apfel.
schneiden – Sie schneidet die Zwiebeln.
schreiben – Olga schreibt das Wort ins Heft.
sehen – Er sieht Samira nur am Wochenende.
signalisieren – Diese Wörter signalisieren Vergangenheit.
spielen – Wir spielen die Dialoge.
sprechen – Sprechen Sie das Wort laut.
studieren – Katharina studiert Russisch.
suchen – Ich suche eine Waschmaschine.
tauschen – Tauschen Sie die Lernkarten.
trinken – Sie trinkt einen Tee.
üben – Wir üben die Dialoge.
unterschreiben – Er unterschreibt die Entschuldigung.
verkaufen – Wir verkaufen unseren Kühlschrank.
verstehen – Ich verstehe das nicht.
vorheizen – Man muss den Backofen vorheizen.
wählen – Sie haben die Nummer 12 43 16 gewählt.
wegnehmen – Dann müssen Sie den Deckel wegnehmen.
wiederholen – Wiederholen Sie das bitte.
würzen – Er würzt den Auflauf mit Salz und Pfeffer.
zahlen – Sie zahlt 200 Euro.
zählen – Sie zählt das Geld.
zeichnen – Carlos zeichnet ein Bild.

Alphabetische Wortliste

Diese Informationen finden Sie im Wörterverzeichnis:

In der Liste finden Sie die Wörter aus den Kapiteln 1–6 von *Berliner Platz NEU*.

Wo Sie das Wort finden: Kapitel, Nummer der Aufgabe, Seite:
a̲b (+D) 3/11, 32

Den Wortakzent: kurzer Vokal • oder langer Vokal –.
Bi̱er, das, -e 5/1, 50
Bi̲ld, das, -er 2/11, 21

Bei Verben finden Sie den Infinitiv, die 3. Person Singular Präsens und das Partizip Perfekt:
a̲bgeben, er gibt a̲b, a̲bgegeben 3/11, 33

Bei Verben, die das Perfekt mit *sein* bilden: Perfekt 3. Person Singular:
a̲ufstehen, er steht a̲uf, ist a̲ufgestanden 4/1, 40

Bei Nomen: das Wort, den Artikel, die Pluralform.
A̱bend, der, -e 4/6, 43

Bei Adjektiven: das Wort, die unregelmäßigen Steigerungsformen.
a̲lt, älter, am ältesten 3/6, 29

Bei verschiedenen Bedeutungen eines Wortes: das Wort und Beispiele.
fi̲nden, er fi̲ndet, gefu̲nden (1) (*Wo finde ich die Bäckerei?*) 3/13, 33

fi̲nden, er fi̲ndet, gefu̲nden (2) (*Er findet Picknick langweilig.*) 6, 60

Fett gedruckte Wörter gehören zum Zertifikats-Wortschatz. Diese Wörter müssen Sie auf jeden Fall lernen.

Eine Liste mit unregelmäßigen Verben von *Berliner Platz 1 NEU, Teil 1* finden Sie auf Seite 133.
Eine Liste der Verben mit Akkusativ finden Sie auf Seite 134.

Abkürzungen und Symbole

"	Umlaut im Plural (bei Nomen)
,	keine Steigerung (bei Adjektiven)
(Sg.)	nur Singular (bei Nomen)
(Pl.)	nur Plural (bei Nomen)
(+ A.)	Präposition mit Akkusativ
(+ D.)	Präposition mit Dativ
(+ A./D.)	Präposition mit Akkusativ oder Dativ

---

a̲b (+ D.) 3/11, 32
AB, der, -s (= A̲nrufbeantworter, der, -) 6/7, 64
A̱bend, der, -e 4/6, 43
A̱bendessen, das, - 4/1, 40
a̱bends 4/1, 40
aber (1) (*Aber er ist fast neu.*) 3/2, 27
aber (2) (*Das ist aber billig!*) 3/7, 30
a̲bgeben, er gibt a̲b, a̲bgegeben 3/11, 32
a̲bwaschen, er wäscht a̲b, a̲bgewaschen 4/6, 43
Adre̱sse, die, -n 2, 16
A̲kkusativ, der, -e 5/11, 55
Aktivitä̱t, die, -en 4/9, 45
Akze̲nt, der, -e 1/3, 8
all- (*Alles zusammen kostet 10 €.*) 3/9, 31
alle̲in *,* 4/10, 46
alle̲instehend *,* 6/1, 61
Alles Gu̲te! 6/7, 65
A̲lltag, der (Sg.) 1, 14
A̲lltagssprache, die (Sg.) 4/6, 43
Alphabe̱t, das, -e 1/9, 12
als (*Ich arbeite als Sekretärin.*) 2/6, 19
a̲lt, älter, am ältesten 3/6, 29
a̲m (1) (*am Satzende*) 1, 15

a̲m (2) (*am Wochenende*) 2/12, 22
a̲m Stück 5/9, 54
A̲mt, das, "-er 5, 54
a̲n (1) (+ A./D.) (*an der Tafel*) 2/4, 17
a̲n (2) (*an Neujahr*) 6, 67
a̲nbraten, er brät a̲n, a̲ngebraten 5/13, 56
a̲nder- (*andere vorstellen*) 1/8, 11
a̲nders 4/10, 46
a̲nfangen, er fängt a̲n, a̲ngefangen 4/3, 42
A̲nfänger, der, - 4/9, 45
a̲ngeben, er gibt a̲n, a̲ngegeben 4/1, 40
A̲ngebot, das, -e 2/13, 22
a̲nkreuzen, er kreuzt a̲n, a̲ngekreuzt 1/4, 8
a̲nmachen, er macht a̲n, a̲ngemacht 4/10, 46
A̲nruf, der, -e 4/10, 46
A̲nrufbeantworter, der, - 6/7, 64
a̲nrufen, er ruft a̲n, a̲ngerufen 2/12, 22
A̲nsage, die, -n 2/13, 22
a̲nsehen, er sieht a̲n, a̲ngesehen 2/2, 17
A̲ntwort, die, -en 1, 15
a̲ntworten, er a̲ntwortet, gea̲ntwortet 1, 15
A̲nzeige, die, -n 2/13, 22

A̲pfel, der, "- 5/1, 50
A̲pfelsaft, der, "-e 5/2, 51
A̲pfelscheibe, die, -n 5/13, 56
Arbeit, die, -en (hier: Sg.) 4/1, 40
arbeiten (als), er arbeitet, gearbeitet 2/6, 19
Arbeitsanweisung, die, -en 2/14, 23
Arbeitstag, der, -e 4/10, 46
Arbeitswoche, die, -n 4/10, 46
Arti̲kel, der, - 1, 14
Aubergi̱ne, die, -n 5/4, 52
auch 1/3, 8
auf (1) (+ D.) (*auf dem Flohmarkt*) 3/7, 30
auf (2) (+ A.) (*auf einen Blick*) 1, 14
auf (3) (*auf Deutsch*) 2/15, 23
auf sein, er ist auf, ist auf gewesen 4/7, 44
Auf Wie̱dersehen! 1, 14
Aufgabe, die, -n 2/14, 23
Auflauf, der, "-e 5/13, 56
Auflaufform, die, -en 5/13, 56
aufmachen, er macht auf, aufgemacht 4/4, 42
aufschreiben, er schreibt auf, aufgeschrieben 4/4, 42
aufstehen, er steht auf, ist aufgestanden 4/1, 40

einhundertfünfunddreißig **135**

aufwachen, er wacht auf, ist aufgewacht 4/5, 43
Au-pair-Mädchen, das, - 2/5, 19
aus (+ D.) (Ich komme aus Deutschland.) 1/1, 7
aus sein, er ist aus, ist aus gewesen 2/12, 22
ausblasen, er bläst aus, ausgeblasen 6/9, 66
Ausflug, der, "-e 6, 60
ausmachen, er macht aus, ausgemacht 4/10, 46
Aussagesatz, der, "-e 1/5, 9
aussehen, er sieht aus, ausgesehen 6/9, 66
Aussprache, die (Sg.) 1/3, 8
austauschen, er tauscht aus, ausgetauscht 2, 24
Autoführerschein, der, -e 6/9, 66
Automechaniker, der, -/
Automechanikerin, die, -nen 1/11, 13
Bäckerei, die, -en 4/7, 44
Backofen, der, "- 5/13, 56
Bad, das, "-er 4/10, 46
bald 6/2, 62
Banane, die, -n 5/1, 50
Beginn, der (Sg.) 4/9, 45
beginnen, er beginnt, begonnen 4/7, 44
begrüßen, er begrüßt, begrüßt 1, 6
bei (+ D.) 3/11, 32
beim (= bei dem) 6, 60
Beispiel, das, -e 1/5, 9
bekommen, er bekommt, bekommen 5/8, 54
Belag, der, "-e 5/11, 55
berichten, er berichtet, berichtet 4/8, 44
Beruf, der, -e 1/11, 14
beschreiben, er beschreibt, beschrieben 3, 26
besonders 6/9, 66
best- (Meine beste Freundin heißt Julia.) 6, 60
bestimmt 3/2, 27
bestimmt- (der bestimmte Artikel) 3, 35
besuchen, er besucht, besucht 6/3, 62
Betonung, die, -en 4, 50
Bett, das, -en 4/10, 46
Bibliothek, die, -en 4/7, 44
Bier, das, -e 5/1, 50
Biergarten, der, "- 4/9, 45
Bild, das, -er 2/11, 21
billig, billiger, am billigsten 3/2, 27
Birne, die, -n 5/3, 52
bis 2/8, 20
bisschen (ein bisschen) 4/1, 40
bitte 1/3, 8
Bitte, die, -n 2/15, 23
blau 5/1, 50
Bleistift, der, -e 3/1, 26
Blick, der, -e 1, 14
Bohne, die, -n 5/4, 52
Bowling, das (Sg.) 4/9, 45
brauchen, er braucht, gebraucht 3/11, 32
braun 5/1, 50
Brille, die, -n 3/8, 30
bringen, er bringt, gebracht 4/1, 40
Brokkoli, der, -s 5/11, 55
Brot, das, -e 5/1, 50

Brötchen, das, - 4/5, 43
Bruder, der, "- 6, 60
Buch, das, "-er 3/3, 28
buchstabieren, er buchstabiert, buchstabiert 1, 6
Bügeleisen, das, - 3/1, 26
Bulgur, der (Sg.) 5/4, 52
Bus, der, -se 2/12, 22
Butter, die (Sg.) 5/1, 50
ca. (= circa) 4/9, 45
Café, das, -s 2/13, 22
Cafeteria, die, -s 2/5, 18
Cappuccino, der, -s 2/11, 21
CD, die, -s 3, 34
Cent, der, -s 2/11, 21
Chef, der, -s/
Chefin, die, -nen 4/10, 46
Chefkoch, der, "-e 5/15, 58
Cognac, der, -s 6/8, 65
Cola, die, -s 2/11, 21
Computer, der, - 3/1, 26
ct (= Cent) 5/8, 54
da 4/10, 46
da sein, er ist da, ist da gewesen 2/12, 22
dahaben, er hat da, dagehabt 5/9, 54
dahinten 5, 58
danach 4/9, 45
danke (Danke schön!) 2, 16
dann 2/5, 19
darüber 6/4, 63
Datum, das, Daten 6, 60
Dauer, die (Sg.) 4/9, 45
dauern, er dauert, gedauert 2/10, 21
davorne 5, 58
dazupassen, er passt dazu, dazugepasst 5/14, 57
Deckel, der, - 5/13, 56
denn (Was ist denn das?) 5/4, 52
deutsch *,* 5/15, 57
Deutsch, das (Sg.) 1/11, 13
Deutschkurs, der, -e 1/1, 7
Deutschlehrer, der, - 1/11, 13
Deutschlehrerin, die, -nen 4/1, 40
Dialog, der, -e 1/1, 7
Dialognummer, die, -n 4/9, 45
Digitalkamera, die, -s 3/5, 29
direkt, direkter, am direktesten 6, 68
DJ, der, -s (= Discjockey, der, -s) 4/9, 45
doch (1) (Geht's dir nicht gut? Doch!) 5/11, 55
doch (2) (Sigrid kommt doch.) 6/7, 65
Dose, die, -n 5/2, 51
dran sein, er ist dran, ist dran gewesen 5, 58
drankommen, er kommt dran, ist drangekommen 5/9, 54
drucken, er druckt, gedruckt 3, 34
Drucker, der, - 3/1, 26
dünn, dünner, am dünnsten 5/13, 56
durch (+ A.) 4/9, 46
dürfen, er darf, dürfen/gedurft 5, 58
duschen, er duscht, geduscht 4/3, 42
DVD, die, -s 3/1, 26
DVD-Recorder, der, - 3/11, 32
EC-Karte, die, -n 5, 58
Ecke, die, -n 4/10, 46

Ehemann, der, "-er 6, 60
Ehepaar, das, -e 5/2, 51
Ei, das, -er 5/2, 51
Eiersahne, die (Sg.) 5/13, 56
einfach, einfacher, am einfachsten 4, 49
einkaufen, er kauft ein, eingekauft 3/11, 32
Einkaufsdialog, der, -e 5/1, 50
Einkaufszettel, der, - 5/1, 50
einladen, er lädt ein, eingeladen 4/9, 46
Einladung, die, -en 6/7, 64
einmal 1/4, 9
einschlafen, er schläft ein, ist eingeschlafen 4/10, 46
Eintritt, der (Sg.) 4/9, 45
eislaufen, er läuft eis, ist eisgelaufen 6/9, 66
EL (= Esslöffel, der, -) 5/13, 56
Elektro-Secondhand (Sg. ohne Artikel) 3/11, 33
Eltern, die (Pl.) 4/9, 45
E-Mail, die, -s 2/9, 20
E-Mail-Adresse, die, -n 2/9, 20
Ende, das (Sg.) 4/9, 45
Endung, die, -en 1, 14
entschuldigen, er entschuldigt, entschuldigt 4, 49
Entschuldigung (1) (Entschuldigung, wie heißen Sie?) 1/2, 8
Entschuldigung, die, -en (2) (Sie schreibt eine Entschuldigung für die Schule.) 6/9, 66
Erfolg, der, -e 6, 68
ergänzen, er ergänzt, ergänzt 1/1, 7
erkennen, er erkennt, erkannt 4/11, 47
erklären, er erklärt, erklärt 2/15, 23
Eröffnungsfest, das, -e 4/9, 45
erreichen, er erreicht, erreicht 2/12, 22
ersetzen, er ersetzt, ersetzt 6/3, 63
erst 6/7, 64
erwachsen *,* 6/9, 66
Erwachsene, der, -n 4/9, 45
erzählen, er erzählt, erzählt 4/10, 46
erziehen, er erzieht, erzogen 6, 61
Espresso, der, -s/Espressi 2/6, 19
Essen, das (Sg.) 4/9, 45
essen, er isst, gegessen 4/3, 42
Essig, der (Sg.) 5/3, 52
Esslöffel, der, - 5/13, 56
Estragon, der (Sg.) 5/13, 56
etwas 5/9, 54
Euro, der, -s 2/11, 21
Euromünze, die, -n 3, 34
Eurozone, die, -n 3, 34
fahren, er fährt, ist gefahren 2/12, 22
Fahrrad, das, "-er 3/4, 28
fallen, er fällt, ist gefallen 1, 15
falsch, falscher, am falschesten 5/14, 57
Familie, die, -n 5/2, 51
Familienfoto, das, -s 6/1, 61
Familienleben, das (Sg.) 6, 60
Familienname, der, -n 1, 6
Familienstammbaum, der, "-e 6/4, 63
Farbe, die, -n 5/1, 50
fast 3/2, 27
fehlen, er fehlt, gefehlt 5/10, 55
feiern, er feiert, gefeiert 6/9, 66

fein, feiner, am feinsten 5/13, 56
Femininum, das, Feminina 5/11, 55
Fernsehapparat, der, -e 3/11, 32
fernsehen, er sieht fern, ferngesehen 3/11, 32
Fernseher, der, - 3/1, 26
Fernsehprogramm, das, -e 4/7, 44
fertig *,* 5/13, 56
Fest, das, -e 6/7, 64
Film, der, -e 4/7, 44
finden, er findet, gefunden (1) (*Wo finde ich die Bäckerei?*) 3/13, 33
finden, er findet, gefunden (2) (*Er findet Picknick langweilig.*) 6, 60
Firma, die, Firmen 4/10, 46
Fisch, der, -e 5/2, 51
Fitness, die (*Sg.*) 4/9, 45
Flasche, die, -n 5/2, 51
Fleisch, das (*Sg.*) 5/1, 50
Fleischerei, die, -en 5, 54
fleißig, fleißiger, am fleißigsten 6/9, 66
Flohmarkt, der, "-e 3/7, 30
Form, die, -en 2/9, 20
formell, formeller, am formellsten 1/2, 8
Foto, das, -s 2/14, 23
Frage, die, -n 1, 15
fragen, er fragt, gefragt 1/1, 7
Fragewort, das, "-er 1, 15
Frau, die, -en 1/2, 8
Frauen-Weltmeisterschaft, die, -en 4/9, 45
frei, freier, am frei(e)sten 2/5, 19
Freitagabend, der, -e 4, 48
freuen (sich), er freut sich, hat sich gefreut 6, 68
Freund, der, -e 6, 60
Freundin, die, -nen 4/10, 46
Frühling, der, -e 6/6, 64
Frühstück, das, -e (*meist Sg.*) 5/4, 52
frühstücken, er frühstückt, gefrühstückt 4/1, 40
führen, er führt, geführt 3, 26
füllen, er füllt, gefüllt 5/13, 56
funktionieren, er funktioniert, funktioniert 2, 25
für (+ A.) 3/5, 29
Fußball spielen, er spielt Fußball, Fußball gespielt 4/6, 43
Fußballlady, die, -s 4/9, 45
Fußgängerzone, die, -n 4/9, 45
g (= Gramm, das, -) 5/14, 56
ganz *,* 2/1, 16
Ganze, das (*Sg.*) 5/13, 56
Gast, der, "-e 6/9, 66
GB (= Gigabyte) 3/11, 33
geben (1), er gibt, gegeben 5/9, 54
geben (2) (*Es gibt ...*) 3, 34
geboren (*Wann bist du geboren?*) 6/6, 64
gebraucht 3/9, 31
Geburtstag, der, -e 6, 60
Geburtstagsanzeige, die, -n 6/9, 66
Geburtstagskaffee, der, -s 6/9, 66
Geburtstagskarte, die, -n 6, 68
Geburtstagskerze, die, -n 6/9, 66
Geburtstagskind, das, -er 6/9, 66

Geburtstagsliste, die, -n 6/6, 64
Geburtstagsparty, die, -s 6, 68
Geburtstagstorte, die, -n 6/9, 66
Geburtstagswort, das, "-er 6/9, 67
gegen (+ A.) 3/11, 33
Gegenstand, der, "-e 3/0, 26
gehen (1), er geht, ist gegangen 4/1, 40
gehen (2) (*Es geht.*) 2/3, 17
gehören, er gehört, gehört 6/9, 66
gelb 5/1, 50
Geld, das, -er 5/8, 54
Geldschein, der, -e 3, 34
gemeinsam 5/15, 57
Gemüse, das, - 5/1, 50
Gemüsesuppe, die, -n 5/11, 55
genau (*Kommst du aus Moskau? Genau!*) 1/7, 10
geöffnet (*Die Bäckerei ist von 9-18 Uhr geöffnet.*) 4/7, 44
gerade (*Er macht gerade ein Praktikum.*) 4/1, 40
gern(e), lieber, am liebsten 2/3, 17
Geschenk, das, -e 6/7, 64
geschieden 6, 68
geschlossen 4/10, 46
Geschwister, die (*Pl.*) 6, 61
Gespräch, das, -e 3/12, 33
gestern 4/10, 46
Gesundheit, die (*Sg.*) 6, 68
Getränk, das, -e 2/11, 21
Getränkemarkt, der "-e 5, 50
getrennt (*getrennt leben*) 6, 61
gießen, er gießt, gegossen 5/13, 56
Glas, das, "-er 5/2, 51
glauben, er glaubt, geglaubt 5/4, 52
gleichmäßig, gleichmäßiger, am gleichmäßigsten 5/13, 56
Gleis, das, -e 2/12, 22
Glück, das (*Sg.*) 6/9, 66
Glückwunsch, der, "-e 6/7, 65
Gottesdienst, der, -e 4/9, 45
Gramm, das, -e 5/2, 51
Grammatik, die (*Sg.*) 1, 15
gratulieren, er gratuliert, gratuliert 6/7, 65
grillen, er grillt, gegrillt 6/3, 63
groß, größer, am größten 6/2, 62
Großeltern, die (*Pl.*) 6/2, 62
Großmutter, die, "- 6/2, 62
Großvater, der, "- 6/2, 62
grün 5/1, 50
Grundschule, die, -n 3/11, 32
Gruß, der, "-e 6/8, 65
Gurke, die, -n 5/3, 52
gut, besser, am besten 2, 16
Guten Abend! 1/4, 9
Guten Tag! 1/1, 7
haben, er hat, gehabt 1, 14
halb (*um halb acht*) 4/1, 40
Hallo 1, 6
Handy, das, -s 2/8, 20
Handynummer, die, -n 2/8, 20
Hauptspeise, die, -n 5/10, 55
Haus, das, "-er 3/4, 28
Hausaufgabe, die, -n 4/6, 43

Haushalt, der, -e 6, 61
Haushaltsgerät, das, -e 3/11, 32
Hefe, die (*Sg.*) 5/11, 55
Heft, das, -e 3/1, 26
Heimweg, der, -e 3/11, 33
heiraten, er heiratet, geheiratet 6/2, 62
heißen, er heißt, geheißen 1/1, 7
helfen, er hilft, geholfen 2/15, 23
Herbst, der, -e 6/6, 64
Herd, der, -e 3/1, 26
Herkunft, die (*Sg.*) 1, 6
Herr, der, -en 1/1, 7
herzlich, herzlicher, am herzlichsten (*Herzlichen Glückwunsch!*) 6/7, 65
heute 3/9, 31
Hi 6/7, 64
hier 2/5, 19
Hip-Hop, der (*Sg.*) 4/9, 45
Hochzeit, die, -en 6/2, 62
holen, er holt, geholt 5/12, 55
hören, er hört, gehört 1/1, 7
Hörtext, der, -e 6/1, 61
hupen, er hupt, gehupt 6/9, 66
ICE, der, -s 2/12, 22
im (= in dem) 1/1, 7
immer 3/3, 28
in (1) (+ A./D.) (*in Spanien*) 1/1, 7
in (2) (*in Scheiben*) 5/9, 54
Infinitiv, der, -e 2, 25
Informatiker, der, -/ Informatikerin, die, -nen 4/10, 46
Information, die, -en 1/11, 13
Informationsplakat, das, -e 5, 54
informell *,* 1/2, 8
ins (= in das) 4/9, 45
intensiv, intensiver, am intensivsten 4/7, 44
international *,* 5/15, 58
Internet, das (*Sg.*) 2, 24
Interview, das, -s 4/8, 44
ja (1) (*Kommst du mit? Ja.*) 2/3, 17
ja (2) (*Das ist ja super.*) 4/9, 45
Ja/Nein-Frage, die, -n 2/4, 17
Jahr, das, -e 3/11, 32
-Jährige, der, -n (*der 40-Jährige*) 6/9, 67
Jazz, der (*Sg.*) 4/9, 45
je 3/11, 32
jed- (*jeden Morgen*) 4/3, 42
jemand 2, 16
jetzt 2/10, 21
Joghurt, der, -s 2/13, 22
Jugendliche, der, -n 6/9, 66
Kaffee, der, -s 2, 16
Kaffeekanne, die, -n 3/7, 30
Kaffeemaschine, die, -n 3/1, 26
kalt, kälter, am kältesten 4/10, 46
Kamera, die, -s 3, 35
Kanadier, der, - 6/3, 63
Kantine, die, -n 4/10, 46
kaputt *,* 3/2, 27
Kärtchen, das, - 2/7, 20
Karte, die, -n 4/9, 45
Kartoffel, die, -n 5/1, 50
Kartoffel-Zucchini-Auflauf, der, "-e 5/13, 56

Käse, der (Sg.) 5/1, 50
Käsekuchen, der, - 6/8, 65
Kasse, die, -n 2/11, 21
Kasten, der, "- 5/2, 51
kath. (= katholisch *,*) 4/9, 45
kaufen, er kauft, gekauft 3/8, 30
Käufer, der, - 3/2, 27
Käuferin, die, -nen 3/2, 27
Kaufhaus, das, "-er 5, 54
kein- (keine Ahnung) 3/5, 29
kennen, er kennt, gekannt 2/4, 18
Kerze, die, -n 6/9, 66
kg (= Kilogramm, das, -) 5, 58
Kilo, das, -s (= Kilogramm, das, -) 5/2, 51
Kind, das, -er 3/11, 32
Kinderbett, das, -en 3/11, 33
Kinderfahrrad, das, "-er 3/11, 32
Kindergeburtstag, der, -e 6/9, 66
Kinderkrippe, die, -n 4/1, 40
Kindersachen, die (Pl.) 3/11, 32
Kinderstuhl, der, "-e 3/11, 32
Kindertag, der, -e 4/9, 45
Kinderwagen, der, - 3/4, 28
Kino, das, -s 4/6, 43
Kiosk, der, -e 5, 54
klar (Ja, klar.) 2/5, 19
Klasse, die, -n 6, 60
klein, kleiner, am kleinsten 3/2, 27
Kleinanzeige, die, -n 3, 26
klingeln, er klingelt, geklingelt 4/10, 46
km (= Kilometer, der, -) 3/11, 33
Knoblauch, der (Sg.) 5/11, 55
kochen, er kocht, gekocht 4/6, 43
Kochrezept, das, -e 5/1, 50
Kochstudio, das, -s 5/15, 58
Kombination, die, -en 6/9, 67
kommen, er kommt, ist gekommen 1/1, 7
Konjugation, die, -en 2, 25
können, er kann, können/gekonnt 2/12, 22
Konsonant, der, -en 3, 35
kontrollieren, er kontrolliert, kontrolliert 1/6, 10
Konzert, das, -e 4/9, 45
kosten, er kostet, gekostet 2, 24
Krankheit, die, -en 4/10, 46
Kreditkarte, die, -n 5, 58
Krimi, der, -s 4/9, 45
Kuchen, der, - 5/1, 50
Kugelschreiber, der, - 3/8, 30
kühl, kühler, am kühlsten 3/13, 33
Kühlschrank, der, "-e 3/4, 28
Kuli, der, -s 3/1, 26
Kultfilm, der, -e 4/9, 45
Kunde, der, -n 3/11, 32
Kundin, die, -nen 5/9, 54
Kurs, der, -e 1/1, 7
Kursleiter, der, -/
Kursleiterin, die, -nen 1/1, 7
Kursliste, die, -n 1/1, 7
Kursraum, der, "-e 3/7, 30
kurz, kürzer, am kürzesten 3/10, 31
Kuss, der, "-e 5, 59
Laden, der, "- 5/8, 54

Lampe, die, -n 3/1, 26
Land, das, "-er 1, 6
lang(e), länger, am längsten 3/10, 31
langsam, langsamer, am langsamsten 2/15, 23
langweilig, langweiliger, am langweiligsten 6, 60
Laut, der, -e 5/7, 53
laut, lauter, am lautesten 1/5, 9
leben, er lebt, gelebt 6, 60
Lebensjahr, das, -e 6/9, 66
Lebensmittel, das, - 5/1, 50
ledig *,* 6/2, 62
legen, er legt, gelegt 5/13, 56
Lehrer, der, -/
Lehrerin, die, -nen 2/4, 18
leider 4/9, 45
lernen, er lernt, gelernt 1/9, 12
Lernkarte, die, -n 5/6, 53
Lernplakat, das, -e 1/8, 11
Lernziel, das, -e 1, 6
lesen, er liest, gelesen 1/5, 9
letzt- (letzte Woche) 4/11, 47
Leute, die (Pl.) 1/11, 13
lieb- (lieber Hans, ...) 6/8, 65
Lieferwagen, der, - 3/11, 33
liegen, er liegt, gelegen 1/7, 10
links 5, 58
Linse, die, -n 5/4, 52
Liste, die, -n 1/1, 7
Liter, der, - 5/2, 51
Live-Musik, die (Sg.) 6/8, 65
los (Was ist los?) 4/10, 47
Lösung, die, -en 6/2, 62
Lust, die (Sg.) (keine Lust) 4/10, 46
machen, er macht, gemacht (Macht nichts.) 1/1, 7
Mal, das, -e (Ich besuche Vater jeden Monat ein Mal.) 6/3, 63
man 1, 15
manch- (manche Menschen) 6, 68
manchmal 6, 60
Mango, die, -s 5/4, 52
Mann, der, "-er 6, 60
markieren, er markiert, markiert 2/6, 19
Markt, der, "-e 5, 50
Marmelade, die, -n 5/2, 51
Maskulinum, das, Maskulina 5/11, 55
Mehl, das (Sg.) 5/11, 55
mehr 3/13, 33
meist- 2, 25
meistens 6/9, 66
melden, er meldet, gemeldet 3/11, 32
Melodie, die, -n 1/3, 8
Mensch, der, -en 6, 68
Menü, das, -s 5/7, 53
Messe, die, -n 4/9, 45
Metzgerei, die, -en 4/7, 44
Milch, die (Sg.) 2/2, 17
Mineralwasser, das (Sg.) 2/5, 19
Minute, die, -n 4/1, 40
mit (+ D.) 1/9, 12
mitbringen, er bringt mit, mitgebracht 5/15, 57

mitkommen, er kommt mit, ist mitgekommen 4/9, 45
mitlesen, er liest mit, mitgelesen 1/2, 8
mitnehmen, er nimmt mit, mitgenommen 6, 60
mitsprechen, er spricht mit, mitgesprochen 2/8, 20
Mittag, der, -e 4/6, 43
Mittagessen, das, - 5/4, 52
mittags 4/6, 43
Mittagspause, die, -n 4/3, 42
mittler- (den Auflauf auf die mittlere Schiene stellen) 5/13, 56
Mixer, der, - 3/11, 32
mobil, mobiler, am mobilsten 2/12, 22
möchten, er möchte, gemocht 2, 16
modern, moderner, am modernsten 3/6, 29
mögen, er mag, mögen/gemocht 3/8, 30
Möhre, die, -n 5/11, 55
Moment, der, -e 2/12, 22
Monat, der, -e 6/3, 63
Monitor, der, -e 3/5, 29
Mopedführerschein, der, -e 6/9, 66
Mörder, der, -/
Mörderin, die, -nen 4/9, 45
morgen 4/9, 45
Morgen, der, - 4/1, 40
morgens 4/6, 43
MP3-Player, der, - 3/1, 26
müde, müder, am müdesten 2/10, 21
Museum, das, Museen 4/7, 44
Musik, die (Sg.) 3/11, 32
Muskatnuss, die, "-e 5/13, 56
müssen, er muss, müssen/gemusst 6/9, 66
Mutter, die, "- 6/1, 61
nach (1) (Der ICE fährt von Frankfurt nach Stuttgart.) 2/12, 22
nach (2) (Bitte nach 18 Uhr anrufen.) 3/11, 33
nach (3) (nach Farben ordnen) 5/1, 50
nach (4) (nach Hause) 4/10, 46
Nachbar, der, -n 1/8, 11
Nachbarin, die, -nen 1/8, 11
Nachmittag, der, -e 4/6, 43
nachmittags 4/6, 43
Nachname, der, -n 1/1, 7
Nachrichten, die (Pl.) 2/12, 22
nachsprechen, er spricht nach, nachgesprochen 1/3, 8
nächst- (Wer ist der Nächste?) 5, 58
Nacht, die, "-e 4/6, 43
Nachtisch, der, -e 5/10, 55
nachts 4/6, 43
Nähmaschine, die, -n 3/11, 32
Name, der, -n 1, 6
natürlich 2/5, 19
nehmen, er nimmt, genommen 2, 16
nein 1/9, 12
nennen, er nennt, genannt 3/2, 27
neu, neuer, am neuesten 3/2, 27
Neujahr, das (Sg.) 6, 67
Neutrum, das, Neutra 5/11, 55
nicht (nicht so gut) 2/12, 22
nichts 5/9, 54
noch 2/10, 21

noch einmal 1/4, 9
Nomen, das, - 3/3, 28
Nominativ, der, -e 5/11, 55
notieren, er notiert, notiert 2/8, 20
Nr. (= Nummer, die, -n) 4/10, 46
Nudel, die, -n 5/2, 51
Nummer, die, -n 2/12, 22
nun 6/3, 63
nur 2/3, 17
O. k. (= okay) 3/2, 27
Obst, das (Sg.) 5/1, 50
oder 1/2, 8
Öffnungszeit, die, -en 5, 54
oft, öfter, am öftesten 1, 14
Öl, das (Sg.) 5/3, 52
Olivenöl, das (Sg.) 5/11, 55
Oma, die, -s 5/14, 57
Onkel, der, - 6, 61
Opa, der, -s 6/9, 66
Orangensaft, der, "-e 2/4, 18
Ordinalzahl, die, -en 6, 69
ordnen, er ordnet, geordnet 1/4, 9
organisieren, er organisiert, organisiert 6/9, 66
Päckchen, das, - 5/11, 55
Packung, die, -en 5/2, 51
Paket, das, -e 5/2, 51
Papa, der, -s 6, 68
Papierkorb, der, "-e 3/10, 31
Paprika, die/der, -s (= Gemüse) 5/2, 51
Park, der, -s 4/9, 45
Party, die, -s 6, 68
passen (zu), er passt, gepasst 2/13, 22
passend 5/13, 57
Pause, die, -n 4/8, 44
Peperoni, die, -s 2/13, 22
Person, die, -en 1/9, 12
Personalpronomen, das, - 2/6, 19
Pfeffer, der (Sg.) 5/13, 56
Pfund, das, -e 5/2, 51
Phase, die, -n 2/1, 16
Picknick, das, -s 6/0, 60
Pizza, die, -s 5/2, 51
Pizza-Service, der, -s 4/1, 40
Pl. (= Plural, der, -e) 2, 25
planen, er plant, geplant 5/12, 55
Pluralform, die, -en 5/6, 53
Polizei, die (Sg.) 4, 49
Position, die, -en 2, 25
Possessivartikel, der, - 6/3, 62
Postleitzahl, die, -en 9, 20
Praktikum, das, Praktika 4/1, 40
praktisch, praktischer, am praktischsten 3/6, 29
Präsens, das (Sg.) 6/8, 65
Präteritum, das (Sg.) 6/8, 65
Preis, der, -e 3, 26
preiswert, preiswerter, am preiswertesten 3/11, 32
prima 3/9, 31
privat 1/2, 8
Problem, das, -e 5/8, 54
Projekt, das, -e 3, 31
putzen, er putzt, geputzt 4/6, 43

Qualität, die, -en 3/9, 31
Quartett, das, -e 4/9, 45
Radio, das, -s 4/10, 46
raten, er rät, geraten 1/6, 10
Rathaus, das, "-er 4/9, 45
rechts 5, 58
reden, er redet, geredet 4/1, 40
Reggae, der (Sg.) 4/9, 45
Region, die, -en 3, 31
reichen, er reicht, gereicht 5/11, 55
Reihenfolge, die, -n 5/13, 57
Reis, der (Sg.) 5/2, 51
Reservierung, die, -en 4/9, 45
Restaurant, das, -s 6/9, 66
Rezept, das, -e 5/13, 57
Rezeptheft, die, -e 5/15, 57
Rhythmus, der, Rhythmen 1/9, 12
richtig 2/5, 18
Rindfleisch, das (Sg.) 5/3, 52
Rock, der (Sg.) (= Rockmusik) 4/9, 45
Rollenspiel, das, -e 3/9, 31
rot 5/1, 50
Rückfrage, die, -n 2, 25
rund, runder, am rundesten 6/9, 66
Sache, die, -n 3/11, 32
Saft, der, "-e 2, 25
sagen, er sagt, gesagt 2, 16
Sahne, die (Sg.) 5/13, 56
Salami, die, -s 2/13, 22
Salat, der, -e 5/1, 50
Salz, das (Sg.) 5/3, 52
sammeln, er sammelt, gesammelt 1/8, 11
Satellitenantenne, die, -n 3/11, 33
Satz, der, "-e 1/5, 9
Satzende, das, -n 1, 15
Satzklammer, die, -n 4, 49
Satzmelodie, die, -n 1, 15
Scanner, der, - 3/11, 33
schade 6/7, 64
schälen, er schält, geschält 5/13, 56
schauen, er schaut, geschaut (Schau mal!) 3/2, 27
Scheibe, die, -n 5/11, 55
Schere, die, -n 3/1, 26
Schiene, die, -n 5/13, 56
Schinken, der, - 5/1, 50
Schnäppchen, das, - 3/7, 30
schneiden, er schneidet, geschnitten 5/11, 55
Schnitzel, das, - 5/3, 52
schon (Ich bin jetzt schon müde.) 2/10, 21
schön, schöner, am schönsten 3/6, 29
Schrank, der, "-e 3/13, 33
schreiben, er schreibt, geschrieben 1/4, 9
Schule, die, -n 4/1, 40
schwach, schwächer, am schwächsten 6, 69
schwarz 2/2, 17
schwer, schwerer, am schwersten 6, 60
Schwester, die, -n 6, 60
Schwimmbad, das, "-er 4/7, 44
schwimmen, er schwimmt, hat/ist geschwommen 4, 48
Schwimmkurs, der, -e 4/9, 45
sehen, er sieht, gesehen 4/10, 46
sehr (sehr gut) 3/2, 27

sein, er ist, ist gewesen 1/1, 7
seit 3, 34
Seite, die, -n 3/8, 30
Sekretär, der, -e/
Sekretärin, die, -nen 1/11, 13
selbst 2/7, 20
Selbstabholung, die (Sg.) 3/11, 32
Senioren-Ehepaar, das, -e 5/2, 51
signalisieren, er signalisiert, signalisiert 6, 69
Singular, der (Sg.) 2, 25
sitzen, er sitzt, gesessen 4/1, 40
SMS, die, - 6/7, 64
SMS-Antwort, die, -en 6/7, 65
SMS-Einladung, die, -en 6/7, 65
so (So viel?) 3/9, 31
Sohn, der, "-e 4/1, 40
Sommer, der, - 6/6, 64
sonst 5/11, 55
Soße, die, -n 5/11, 55
spannend, spannender, am spannensten 4/9, 45
Spaß, der, "-e (meist Sg.) 6/8, 65
spät, später, am spätesten (1) (Wie spät ist es?) 4, 40
später (2) (Max kommt später.) 6/7, 65
Spiel, das, -e 5/6, 53
spielen, er spielt, gespielt 1/4, 9
Sport, der (Sg.) 4/9, 45
Sportclub, der, -s 4/9, 45
Sporthalle, die, -n 4/9, 45
Sprache, die, -n 1, 6
Sprachenname, der, -n 1, 14
Sprechblase, die, -n 5/5, 52
sprechen, er spricht, gesprochen 1, 6
Spülmaschine, die, -n 3/11, 32
Stadt, die, "-e 1, 6
Stadtfest, das, -e 4/9, 45
Stadtrundfahrt, die, -en 4/9, 45
Staubsauger, der, - 3/4, 28
Steak, das, -s 5/3, 52
Steckbrief, der, -e 1/6, 10
stehen, er steht, hat/ist gestanden 4/10, 47
steigen, er steigt, ist gestiegen 1, 15
stellen, er stellt, gestellt 5/13, 56
Stereoanlage, die, -n 3/11, 32
Streifen, der, - 5/13, 56
Student, der, -en/
Studentin, die, -nen 2/14, 23
studieren, er studiert, studiert 6/3, 63
Stuhl, der, "-e 3/1, 26
Stunde, die, -n 2/10, 21
suchen, er sucht, gesucht 3/7, 30
Suchwort, das, "-er 3, 31
super 2, 16
Supermarkt, der, "-e 2/13, 22
süß, süßer, am süßesten 5/13, 56
Szene, die, -n 2/2, 17
Tabelle, die, -n 3, 35
Tablett, das, -s 2/11, 21
Tafel, die, -n 2/4, 18
Tag, der, -e 1/2, 8
Tagesablauf, der, "-e 4/1, 40
Tageszeit, die, -en 4/1, 40

Tankstelle, die, -n 5, 54
Tante, die, -n 6, 60
tanzen, er tanzt, getanzt 6/9, 66
Tasche, die, -n 3/3, 28
tauschen, er tauscht, getauscht 5/6, 53
Tee, der (Sg.) 2, 16
Teekanne, die, -n 3/7, 30
Tel. (= Telefon, das, -e) 2, 24
Telefon, das, -e 2/9, 20
Telefonbuch, das, "-er 2, 24
telefonieren, er telefoniert, telefoniert, 4/10, 46
Telefonnummer, die, -n 2, 16
teuer, teurer, am teuersten 3/2, 27
Text, der, -e 4/10, 46
Theater, das, - 4/7, 44
Thema, das, Themen 6/1, 61
Thermoskanne, die, -n 3/7, 30
Tipp, der, -s 2, 24
Tisch, der, -e 3/1, 26
Tochter, die, "- 4/1, 40
toll, toller, am tollsten 2/5, 19
Tomate, die, -n 2/13, 22
Topzustand, der (Sg.) 3/11, 33
Torte, die, -n 6/9, 67
tot *,* 6/2, 62
trainieren, er trainiert, trainiert 5/6, 53
träumen, er träumt, geträumt 4/10, 46
Treffpunkt, der, -e 4/9, 45
trennbar (ein trennbares Verb) 4/4, 42
trinken, er trinkt, getrunken 2, 16
Tschüs! 1, 14
Tür, die, -en 4/10, 46
Turnier, das, -e 4/9, 45
Tüte, die, -n 5, 58
üben, er übt, geübt 1/3, 8
über (+ A./D.) 1, 6
Übung, die, -en 2/7, 20
Uhr, die, -en 3, 34
Uhrzeit, die, -en 2/12, 22
um (um acht Uhr) 2/12, 22
unbestimmt (der unbestimmte Artikel) 3, 35
und 1, 6
unter (+ A./D.) 2/12, 22
Unterricht, der (Sg.) 4/4, 42
unterschreiben, er unterschreibt, unterschrieben 6/9, 66
Vater, der, "- 6/1, 61
verabreden (sich), er verabredet sich, hat sich verabredet 4/1, 40
Verabredung, die, -en 4/9, 45
verabschieden (sich), er verabschiedet sich, hat sich verabschiedet 1, 6
Verb, das, -en 1/5, 9
Verbform, die, -en 1/8, 11
Verbposition, die, -en 2, 25
Vergangene, das (Sg.) 6, 60
Vergangenheit, die (Sg.) 4/11, 47
Vergangenheitsform, die, -en 4/11, 47
vergleichen, er vergleicht, verglichen 5/2, 51
verheiratet 6/1, 61
verkaufen, er verkauft, verkauft 3/9, 31
Verkäufer, der, - 3/2, 27
Verkäuferin, die, -nen 3/2, 27

Verkaufsgespräch, das, -e 3, 26
verrühren, er verrührt, verrührt 5/13, 56
verstehen, er versteht, verstanden 2/15, 23
Verwandte, der/die, -n 6/2, 62
Verwandtschaftsbezeichnung, die, -en 6/2, 62
viel- (mit viel Milch) 2/2, 17
vielleicht 4/9, 45
Viertel, das, - (Viertel nach/vor 12) 4/1, 40
Vokal, der, -e 3/10, 31
vom (= von dem) 6/9, 66
von (1) (von 1 bis 10) 2, 16
von (2) (die Woche von Lukas Bucher) 4/10, 46
von ... an (von Privat an Privat) 3/11, 32
von ... nach (Der ICE fährt von Frankfurt nach Stuttgart.) 2/12, 22
von ... zu (von Kunde zu Kunde) 3/11, 32
vor (+ A./D.) 4/1, 40
Vorbereitung, die, -en 5/13, 56
vorgestern 6, 69
vorheizen, er heizt vor, vorgeheizt 5/13, 56
vorlesen, er liest vor, vorgelesen 2/4, 18
Vormittag, der, -e 4/6, 43
vormittags 4/6, 43
Vorname, der, -n 1, 6
Vorsilbe, die, -n 6, 69
Vorspeise, die, -n 5/10, 55
vorstellen (sich), er stellt (sich) vor, hat (sich) vorgestellt 1, 6
Vorwahl, die, -en 2/8, 20
wählen, er wählt, gewählt 2/12, 22
wahr 6/9, 66
wann 3, 31
warten, er wartet, gewartet 4/10, 46
warum 4, 48
was (1) (Was machst du?) 1/6, 10
was (2) (sagen, was man trinken möchte.) 2, 16
waschen, er wäscht, gewaschen 5/13, 56
Waschmaschine, die, -n 3/1, 26
Wasser, das (Sg.) 2, 16
Wasserkocher, der, - 3/1, 26
weg (Der Bus war weg.) 4/10, 46
wegen (+ G.) 4/10, 46
weggehen, er geht weg, ist weggegangen 4/1, 40
wegnehmen, er nimmt weg, weggenommen 5/13, 56
Wein, der, -e 5/2, 51
weiß 5/1, 50
weiter 6/9, 66
welch- (Welche Fotos passen?) 3/4, 28
weltweit *,* 5/4, 52
wenig, weniger, am wenigsten 3/2, 27
wer 1/6, 10
werden, er wird, ist geworden 6/9, 66
W-Frage, die, -n 1/5, 9
wichtig, wichtiger, am wichtigsten 5/4, 52
wie (1) (Wie heißen Sie?) 1/1, 7
wie (2) (Er fragt, wie es ihr geht.) 2, 16
wie (3) (Er sieht aus wie 30.) 2, 25
wie alt 6/2, 62
Wie geht's? 2, 16
wie viel (wie viel Uhr?) 2/11, 21

wiederholen, er wiederholt, wiederholt 2/15, 23
wiedersehen (sich), er sieht wieder, wiedergesehen 2/12, 22
Winter, der, - 6/6, 64
wo 1/7, 10
Woche, die, -n 4/11, 47
Wochenende, das, -n 2/12, 22
Wochenmarkt, der, "-e 5, 54
Wochentag, der, -e 4, 48
woher 1/1, 7
wohnen, er wohnt, gewohnt 1/6, 10
Wohngemeinschaft, die, -en 6, 60
Wohnort, der, -e 1/11, 13
Wohnung, die, -en 4/6, 43
Wort, das, "-er 2/15, 23
Wortakzent, der, -e 4/5, 43
Wortende, das, -n 6, 69
Wörterbuch, das, "-er 3/1, 26
Wortliste, die, -n 3/1, 26
Wortteil, der, -e 4, 49
wünschen, er wünscht, gewünscht 5/9, 54
Wurst, die, "-e 5/1, 50
würzen, er würzt, gewürzt 5/13, 56
Zahl, die, -en 2/8, 20
zahlen, er zahlt, gezahlt 3/9, 31
zählen, er zählt, gezählt 2, 16
zeichnen, er zeichnet, gezeichnet 2/1, 16
zeigen, er zeigt, gezeigt 3/6, 29
Zeit, die, -en 4/9, 45
Zeitangabe, die, -n 4, 49
Zeitung, die, -en 4/1, 40
Zettel, der, - 4/10, 46
Ziffer, die, -n 3/4, 28
Zirkus, der, -se 4/9, 45
Zitrone, die, -nen 5/3, 52
Zitronensaft, der, "-e 5/11, 55
Zoo, der, -s 4/7, 44
zu (1) (Schreiben Sie die Wörter zu den Bildern.) 2/14, 23
zu (2) (Der Schrank ist zu verkaufen.) 3/11, 32
zu (3) (zu Ende) 4/7, 44
zu (4) (zu Hause) 2/5, 18
zu sein, er ist zu, ist zu gewesen 4/10, 47
zu viel 5/8, 54
zu wenig 5/8, 54
Zubereitung, die, -en 5/10, 55
Zucchini, die, -s 5/13, 56
Zucker, der (Sg.) 2/2, 17
zuhören, er hört zu, zugehört 4/5, 43
zum (= zu dem) 4/8, 44
zumachen, er macht zu, zugemacht 4/7, 44
zuordnen, er ordnet zu, zugeordnet 1/6, 10
zur (zu der) 4/1, 40
zurück 2/11, 21
zus. (= zusammen) 3/11, 32
zusammen 3/9, 31
zusammen sein, sie sind zusammen, sind zusammen gewesen 6/8, 65
zusammenpassen, sie passen zusammen, zusammengepasst 6/2, 62
Zutat, die, -en 5/13, 56
Zwiebel, die, -n 5/3, 52
zwischen (+ A./D.) 6, 60

Zahlen, Zeiten, Maße, Gewichte

Kardinalzahlen

1	eins	13	dreizehn	60	sechzig
2	zwei	14	vierzehn	70	siebzig
3	drei	15	fünfzehn	80	achtzig
4	vier	16	sechzehn	90	neunzig
5	fünf	17	siebzehn	100	(ein)hundert
6	sechs	18	achtzehn	101	(ein)hundert(und)eins
7	sieben	19	neunzehn	200	zweihundert
8	acht	20	zwanzig	213	zweihundertdreizehn
9	neun	21	einundzwanzig	1 000	(ein)tausend
10	zehn	30	dreißig	1 000 000	eine Million (-en)
11	elf	40	vierzig	1 000 000 000	eine Milliarde (-n)
12	zwölf	50	fünfzig		

Ordinalzahlen

1.	(der/das/die) erste …	11.	elfte	30.	dreißigste
2.	zweite	12.	zwölfte	40.	vierzigste
3.	dritte	13.	dreizehnte	50.	fünfzigste
4.	vierte	14.	vierzehnte	60.	sechzigste
5.	fünfte	15	fünfzehnte	70.	siebzigste
6.	sechste	16.	sechzehnte	80.	achtzigste
7.	siebte	17.	siebzehnte	90.	neunzigste
8.	achte	18.	achtzehnte	100.	hundertste
9.	neunte	19.	neunzehnte	900.	neunhundertste
10.	zehnte	20.	zwanzigste	1 000.	tausendste

Zeiten

1. Stunde und Uhrzeiten

Uhr, die, -en
Uhrzeit, die, -en
Stunde, die, -n
Viertelstunde, die, -n
Minute, die, -n
Sekunde, die, -n

2. Tag und Tageszeiten

Tag, der, -e   täglich
Morgen, der, –   morgens
Vormittag, der, -e   vormittags
Mittag, der, -e   mittags
Nachmittag, der, -e   nachmittags
Abend, der, -e   abends
Nacht, die, "-e   nachts
Mitternacht, die, "-e   mitternachts

3. Woche und Wochentage

Montag, der, -e   montags   Feiertag, der, -e
Dienstag, der, -e   dienstags   Festtag, der, -e
Mittwoch, der, -e   mittwochs   wöchentlich
Donnerstag, der, -e   donnerstags
Freitag, der, -e   freitags
Samstag/Sonnabend, der, -e   samstags/sonnabends
Sonntag, der, -e   sonntags

4. Monate

Januar	August
Februar	September
März	Oktober
April	November
Mai	Dezember
Juni	
Juli	monatlich

5. Datum

1999 neunzehnhundertneunundneunzig
2005 zweitausend(und)fünf
1. März / 1.3. / Heute ist der erste März / der erste Dritte.
12. April 2005 – 12.4.2005 – 12.04.05

6. Jahr und Jahreszeiten

Jahr, das, -e
Jahreszeit, die, -en
jährlich

Frühling, der, -e / Frühjahr, das, -e
Sommer, der, –
Herbst, der, -e
Winter, der, –

Maße und Gewichte

Zentimeter, der, –   cm
Meter, der, –   m
Kilometer, der, –   km
Quadratmeter, der, –   qm/m²

Liter, der, –   l

1 km = 1000 m
1 m = 100 cm

Gramm, das, –   g
Kilogramm, das, –   kg
1 kg = 1000 g

Quellenverzeichnis

Fotos, die im Folgenden nicht aufgeführt sind: Vanessa Daly
Karte auf der vorderen Umschlagsinnenseite: Polyglott-Verlag München

S. 13	Foto obere Reihe (Semper-Oper, Dresden): Linda Grätz Fotos mittlere Reihe: Albert Ringer Fotos untere Reihe: links: Mit freundlicher Genehmigung von Annalisa Scarpa; Mitte: pixelio; rechts: Sibylle Freitag
S. 20	Foto Handy: Shutterstock.com
S. 22	Foto A (ICE): DB AG/Max Lautenschläger; Foto B (Tagesschau): Albert Ringer; Foto C (Handy): Shutterstock.com; Foto D (Bushaltestelle): Lutz Rohrmann; Foto E (Telefon): All Photo – Shutterstock.com; Foto F (Autoradio): Ishmiriev – Shutterstock.com
S. 26	Foto Flohmarkt: Daniela Pöder
S. 29	Fotos links und rechts: A. Ringer: Foto Mitte: Sibylle Freitag
S. 30	Foto unten: Daniela Pöder
S. 31	Plakat Flohmarkt auf'm Mozartplätzle: Mit freundlicher Genehmigung des Arbeitskreises Heusteigviertel e.V., Stuttgart
S. 32	Foto oben: Mercedes-Benz Sprinter Modelljahr 2006 / O. Nordsieck Foto unten (Kinderwagen): Zhu Dfeng – Shutterstock.com
S. 33	6 Fotos Elektro-Secondhand: Albert Ringer
S. 34	Euro-Münzen und -Scheine: Albert Ringer
S. 37	Fotos Würfel: Albert Ringer
S. 38	3 Fotos oben: Theo Scherling Foto unten: Sibylle Freitag
S. 41	Fotos Uhren: Andrea Pfeifer
S. 43	Foto A: Elke Dennis – iStockphotos; Foto B: moodboard – Fotolia.com; Foto C: Sibylle Freitag; Foto D: Frank-Peter Funke – Fotolia.com; Foto E: Fußball: Shutterstock.com; Foto F: Bettina Lindenberg
S. 45	Fotos Schwimmen und Fußballladies: Langenscheidt-Archiv; Foto Jazz: Theo Scherling; Fotos Spalte rechts (Flohmarkt und Fahrräder): Andrea Pfeifer
S. 48	Foto Uhr: Andrea Pfeifer; Foto Tageszeituhr: Albert Ringer
S. 53	Auszüge aus: Langenscheidt Collins Großes Schulwörterbuch Deutsch – Englisch und Langenscheidt Taschenwörterbuch Türkisch
S. 60	Fotos oben: Porträt und Familie: Nikola Lainović Fotos Mitte: Porträt: Aylin Korkmaz; Picknick im Park: Lutz Rohrmann Fotos unten: Senioren-WG und Porträt: Lutz Rohrmann
S. 61	Porträt und Foto oben: Kirsten Mannich Foto Familie unten: Susan Kaufmann; Porträt: Anke Schüttler
S. 65	Geburtstagskarte: Albert Ringer
S. 66	Foto A: Lutz Rohrmann; Foto B: Albert Ringer; Foto C: Theo Scherling; Foto D: Kirsten Mannich
S. 67	Foto E: Party pressmaster – Fotolia.com; Foto F: Lutz Rohrmnn; Foto G: Shutterstock.com
S. 68	Zeichnung Stammbaum: Theo Scherling; Foto SMS: Lutz Rohrmann
S. 73	Grafik „Blick auf den Speisezettel": Globus / picture-alliance
S. 74	Fotos oben (Teil 1): Theo Scherling Fotos unten (Teil 2): Lutz Rohrmann und Theo Scherling; Foto Blumen: Susan Kaufmann
S. 76	Foto Mônica Nunes: Langenscheidt-Archiv
S. 78	Flaggen: Deutschland, Türkei, Ukraine, Spanien, Korea: Corel Stock Photo Library; Russland: Gilmanshin – iStockphoto
S. 81	Foto Lernheft: Albert Ringer
S. 87	Foto Lernheft: Albert Ringer
S. 94	Foto: Nikola Lainović
S. 95	Foto 2: Albert Ringer; Fotos 3 und 4: Lutz Rohrmann
S. 96	Foto: Lutz Rohrmann
S. 99	Foto unten: Anke Schüttler
S. 101	Fotos A und C: Lutz Rohrmann; B, D, E, F: Albert Ringer; C: pixelio
S. 104	Fotos Münzen: Albert Ringer
S. 108	Foto: Christiane Lemcke
S. 110	Foto: Christiane Lemcke
S. 118	Foto B: Fotolia.com
S. 122	Fotos links und rechts: Sibylle Freitag; Foto Mitte: soschoenbistdu – Fotolia.com;
S. 123	Fotos: Susan Kaufmann
S. 126	Foto Aubergine: Natalie – Fotolia.com; Honig: Albert Ringer
S. 127	Foto: Sabine Reiter
S. 128	Fotos oben: Sibylle Freitag; Foto unten: Hedwig Miesslinger

Kurssprache

Uhrzeit

9 Uhr

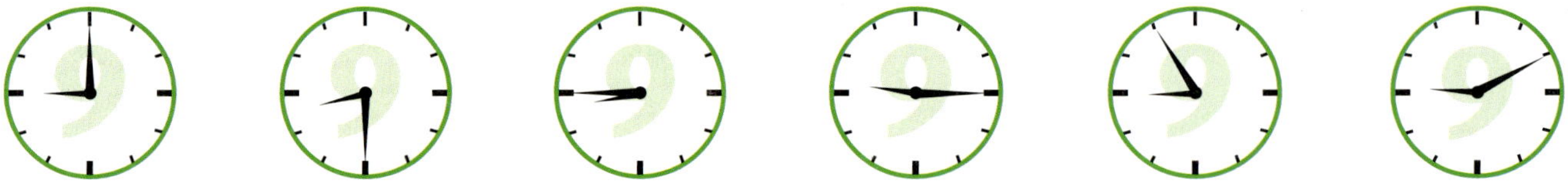

halb 9

Viertel vor 9

Viertel nach 9

5 vor 9

10 nach 9